Jim Morrison et les Doors

La vie en accéléré

DU MÊME AUTEUR

Jim Morrison ou les Portes de la perception, préface de Michka Assayas, L'Incertain, 1993 ; rééd. Le Castor Astral, 1998.

Jean-Yves Reuzeau

Jim Morrison
et les Doors

La vie en accéléré

Librio musique

Collection dirigée par Philippe Blanchet

Chapitre 1

Père, je veux te tuer...

Honolulu, 1941. L'officier George Stephen Morrison, jeune diplômé de l'US Naval Academy, se sent emporté dans le tourbillon de l'Histoire. Peu lui importe le charme tropical d'Hawaï alors qu'un certain Hitler fait trembler le monde. Les États-Unis fournissent certes des armements aux nations « amies », mais à condition toutefois d'obtenir des règlements cash. Ils imposent aux clients de transporter la marchandise par leurs propres soins : on ne saurait être trop prudent en temps de guerre... L'opinion américaine réalise cependant que la menace nazie pourrait bientôt planer sur le pays, et Roosevelt fait passer la loi *prêt-bail*. Désormais, la maison fait crédit, d'autant que les États-Unis se méfient des velléités nippones. Dès le mois de juin, le pays décrète un embargo sur les exportations vers le Japon.

Pour Steve, de confession méthodiste, l'armée est une vocation. À l'école, jamais ce fils de blanchisseur conservateur n'a osé transgresser les interdits. Il fait preuve d'un comportement exemplaire et d'une soumission sans réserve aux règlements. La guerre lui permet de manifester son sens du devoir. En décembre, à Honolulu, il rencontre Clara Clarke, fille d'un avocat fantasque ayant vécu en communauté, et même fréquenté le parti communiste. Les bals militaires autorisent parfois de curieux rapprochements...

Un père absent

Juste après son mariage en avril 1942, Steve est muté sur un porte-avions croisant dans le Pacifique. À des milliers de kilomètres de son pays, il devient le père d'un petit James Douglas (vite surnommé Jim), né à 11 h 55 le 8 décembre 1943 près de Cap Canaveral, à Melbourne,

Floride, au bord de l'Indian River. Mais le jeune père ne vit que fort épisodiquement avec son fils, jusqu'à ce que celui-ci atteigne l'âge de 4 ans. Il ne regagne le pays qu'à l'été 1946, après avoir combattu les Japonais, pour repartir en 1952 sur le front de Corée. Le jeune garçon vit ainsi ses premières années à Clearwater, entre une mère angoissée et des grands-parents paternels particulièrement stricts et bigots.

La guerre finie, l'enfant est brinquebalé d'un camp à l'autre, isolé dans un étroit microcosme. Il vit successivement à Albuquerque, Los Altos, Washington, Claremont, de nouveau Albuquerque, Alameda et Alexandria. Ce vagabondage l'empêche de lier des amitiés durables. La lecture devient un refuge privilégié. Jim n'est plus fils unique, observe avec détachement sa sœur Anne et son frère Andy, qu'il prendra plaisir à persécuter. À la maison, règne la loi du silence. Il est interdit de parler à table sans y avoir été autorisé par une mère « castratrice et maladivement pointilleuse ». Affecté au service de la bombe atomique, le père doit garder le plus grand secret sur ses activités, même en famille. Maniaque de la discipline, il vit pour l'armée et délaisse les siens. Jim a donc tendance à se bâtir un univers secret. Il n'accorde bientôt plus qu'un intérêt relatif à ce père distant, « un homme que nous suivions sans cesse, mais qui n'était jamais là ».

« Le moment le plus important de ma vie »

Albuquerque, 1947. Un souvenir de la petite enfance suffit souvent à marquer une vie. Les Morrison roulent sur une route des environs d'Albuquerque, dans le désert du Nouveau-Mexique. Ralentis par un accident, ils croisent une camionnette retournée près de laquelle gisent des Indiens Pueblo. Confronté pour la première fois à 4 ans au spectacle de la mort, Jim a les larmes aux yeux. Il ressent intensément un des Indiens mourir, et l'âme – ou le fantôme – de celui-ci se jeter en lui. Sentiment d'autant plus étrange que son père n'a de cesse de lui répéter qu'il a fait un mauvais rêve, que cela n'est jamais arrivé. Désormais, l'esprit d'un sorcier germe dans celui de l'enfant... Un chaman s'éveille.

Impertinent, Jim se fait exclure des scouts à 9 ans pour avoir persécuté sa cheftaine ! Des pérégrinations à travers le pays, naît une attirance pour le danger. Lors d'un accident en luge évité de justesse, le gamin fait une découverte qui le fascine : « Le plaisir suprême de dominer la peur. » En 1957, à 13 ans, Jim entre au lycée d'Alameda, en Caroline du Nord, à l'ombre d'une austère base militaire. Déjà confronté à un septième déménagement, il se sent de nulle part mais se fait toutefois un ami, un certain Fud Ford, avec lequel il accumule les coups pendables, s'éclate à l'écoute d'Elvis Presley et de poèmes enregistrés de Lawrence Ferlinghetti. Tous deux sont fascinés par Jack Kerouac et son roman *Sur la route*. Jim s'adonne au collage et au dessin, grâce auxquels il se moque de l'armée – et par conséquent de son père. Fud découpe et Jim colle avec ferveur. Son professeur d'anglais se souvient que Jim était le seul de sa classe à avoir lu et compris *Ulysse* de Joyce et *Vies parallèles* de Plutarque.

La famille Morrison déménage à nouveau en 1958. Le père est affecté au service du Pentagone, à Washington. Témoin du racisme et de la ségrégation, l'adolescent observe une bourgeoisie blanche odieusement arrogante dans ses certitudes. Il se découvre une attirance pour le blues – et singulièrement pour Muddy Waters, Howlin' Wolf et John Lee Hooker. Jim s'intéresse aux filles, à commencer par sa voisine Tandy Martin, aux dépens de laquelle il teste un sadisme amusé. Jim lui avoue rêver de devenir acteur, mais aussi mourir de trouille à la simple idée de monter sur scène et d'affronter le public ! Son comportement scolaire devient des plus fantaisistes. Il chasse des guêpes imaginaires, quitte les cours en prétextant une opération imminente au cerveau. Ses facéties attirent l'attention, ce qui est loin de le laisser indifférent. Un de ses camarades se souvient de son culot : « Nous nous sommes mis à tourner autour de Morrison. Pour nous, c'était un centre. »

Q.I. 149

Jim se débrouille auprès de ses parents pour obtenir une chambre au sous-sol. Là, isolé, il commence à griffonner des poèmes dans de petits carnets. Le premier dont il se souvienne est « The Pony Express », poème qui deviendra une chanson des Doors, « Horse Latitudes ». L'adolescent se prend de passion pour Baudelaire, Camus et Rimbaud, mais aussi pour Sartre, Céline, Genet, Maïakovski, Artaud et Nietzsche. Ses lectures se distinguent à ce point de celles de ses camarades que ses professeurs finissent par s'en inquiéter.

Jim fait la découverte de traités de démonologie, lectures qui font un temps ses délices. Plus tard, l'observant sur scène, on parlera de lui comme d'un possédé cherchant à envoûter les foules pour les entraîner dans une sorte de transe mystique. Mais Morrison ne croira à aucune divinité, ni au diable, tout au plus à une forme de magie issue des traditions amérindiennes. Ce qui lui importe, c'est l'homme libéré, capable de se transcender dans une célébration païenne. Sa curiosité mènera plus tard le jeune sagittaire aux frontières de la magie blanche, auprès de la journaliste Patricia Kenneally. Celle-ci, grande prêtresse du groupe mystique Caer Altos, adorait la Grand-Mère, une divinité féminine. Cette pratique intriguera Jim. Le « diable » ne l'intéresse que dans la mesure où il peut représenter une forme de rébellion contre la souveraineté divine, la puissance dominante. L'homme doit être son propre dieu, maître de son destin, libéré des fables et falbalas du surnaturel, du paradis et de l'enfer. En fait de paradis, ce sont les artificiels qui vont bientôt attirer Jim...

L'adolescent révolté accuse ses parents de le pousser à obtenir de bonnes notes dans le seul but de briller à bon compte au sein de leur club de bridge. Il boude ainsi la cérémonie de remise des diplômes, humiliant père et mère. Inquiets, ceux-ci lui font passer un test de Q.I., mais le quotient de 149 révèle une intelligence aiguë. Le père tente d'intéresser le fiston au métier des armes, le traînant sur la passerelle d'un vaisseau militaire, mais Jim se montre distant, très éloigné des idéaux de ce paternel autoritaire et borné qu'il « tue » déjà dans son inconscient, comme il le mettra en mots dans la chanson « The End ». Jim apparaît « étrange » à sa famille, notamment à ses grands-parents rigoristes qu'il prend un malin plaisir à scandaliser. Il bafoue la religion et les préjugés raciaux, s'affiche en tant que consommateur d'alcool, arbore une tenue débraillée et se laisse pousser les cheveux, attitude alors jugée politique. Il s'écarte radicalement du modèle familial.

À l'université de Tallahassee, en Floride, Jim suit des cours d'art dramatique. Il se passionne pour Artaud et Brecht, ose enfin monter sur scène. Il joue dans *The Dumbwaiter* de Harold Pinter et participe à une adaptation d'*Œdipe roi* qui le marque profondément. Jim laisse déjà une impression de danger permanent. On ne sait jamais comment il va se comporter. Souvent, il agace partenaires et public, dépassant les limites. Ce jeu le fascine. Il excelle à provoquer des esclandres dans le bus, les magasins ou les fêtes. Comme certains camarades n'apprécient que modérément ses excentricités, il s'isole dans une caravane, puis à l'hôtel Cherokee dont le nom indien l'attire. Il se plaît à désigner sa bibliothèque aux potes de passage, leur faisant choisir un livre au hasard pour lui en lire un extrait. Immanquablement, il sidère l'interlocuteur en découvrant dès la première phrase le titre et l'auteur de l'ouvrage.

Un cours passionne le jeune étudiant : la psychologie des foules et l'inconscient collectif. Il est notamment intéressé par les écrits de

Wilhelm Reich et Carl Gustav Jung. À l'occasion d'un exposé, il sidère l'auditoire en déclarant : « Je sais observer une foule. Je peux diagnostiquer sa psychologie. Je peux la soigner. Je peux même lui faire l'amour et créer l'émeute. » Il lui semble alors entendre un long murmure au ralenti, de vagues effluves de musique. Le début d'un concert dans sa tête. Impression fugitive. Jim tente de définir une théorie visant à diagnostiquer les pulsions d'une foule, et surtout à les *utiliser*. L'écriture, la lecture et le dessin lui semblent d'autant plus excitants sous l'effet de la boisson. L'esprit sous influence lui semble ouvrir des portes inconnues, des horizons inespérés. Mal maîtrisé, l'usage de l'alcool lui vaut une nuit au poste, prémices d'un dur parcours auprès d'une compagne exigeante, la bouteille.

À propos du regard

Une autre forme d'art l'attire : le cinéma. À tel point qu'il aiguille ses études en ce sens. Non sans mal, en mars 1964, il convainc ses parents de le laisser gagner la côte Ouest. Il s'inscrit en section Arts dramatiques à l'UCLA, l'Université de Californie. Un mouvement migratoire s'effectue alors vers les facs de l'Ouest. Les idées de la contre-culture séduisent les plus délurés. C'est là que ça bouge ! Ceux que l'on commence à appeler freaks et hippies se rassemblent dans un esprit communautaire. La baie de San Francisco connaît un début de révolution sociale et musicale.

Jim suit les cours de professeurs de renom, comme Stanley Kramer et Josef von Sternberg. Il noircit des carnets à spirale dans lesquels il consigne des réflexions sur l'image et la mise en scène. Ces écrits donneront plus tard *Seigneurs : Notes à propos de la vision* : « Je crois que dans l'art, et surtout au cinéma, les gens cherchent une confirmation de leur propre existence. Parfois, les choses paraissent plus réelles pour avoir été filmées, et vous pouvez créer un semblant de vie sur l'écran. » Son intérêt pour la démonologie et le chamanisme y trouve son compte. Le cinéma lui semble procéder d'une tradition de sorcellerie, d'une histoire des ombres, d'une croyance en la magie. Les films lui paraissent une intéressante tentative d'accaparer une fausse éternité.

Jim se fait des amis cinéphiles et fins lecteurs, comme Dennis Jakob (futur assistant de Coppola sur *Apocalypse Now*) et Felix Venable. Ce dernier succombera à la fois aux amphétamines et à une cirrhose... bien avant d'achever sa licence. Un autre camarade, Phil Oleno, dont les parents sont pharmaciens, l'initie aux drogues en vogue dans la mouvance psychédélique. Jim, déjà passé maître dans l'art de rouler des joints – il stupéfie ses amis par sa dextérité –, utilise ces produits à des fins d'*expérience*. Ils lui permettent d'ouvrir les *portes* sur une *nouvelle vision*.

Les premières tentatives de Morrison cinéaste sont plutôt radicales : du cinéma d'avant-garde aux idées fulgurantes, aux « visions » provocatrices. Jim fonctionne à l'intuition, rejette l'idée d'un script élaboré. Un film doit être un poème spontané. Pour ses congénères, il semble un imprévisible zigoto. Son analyse de la télévision est tout aussi tranchante : « La télévision est le bouclier invisible contre la réalité nue. Les gens s'y accrochent pour regarder des feuilletons, des films, des rock stars, et ils ressentent de fortes émotions à travers des symboles ; mais dans la réalité de leur propre vie, ils sont morts. »

Le père de Jim part en mission au Tonkin alors que la marine vietnamienne titille sérieusement la flotte américaine. Durant l'été 1965, le président Lyndon Johnson se voit autorisé par le Congrès à entrer en guerre. Celle-ci est particulièrement mal perçue par la jeunesse. Les Noirs et les classes défavorisées sont en première ligne. La musique rock explose, en phase avec les idées contestataires. Jim s'éloigne encore davantage de ce père officier qui rêve de le voir admis à l'École navale d'Annapolis. Il se sent résolument de l'autre bord, celui du jeune Bob Dylan dont les paroles engagées provoquent un électrochoc dans la musique et la société.

Jim, même s'il se sent chaman, refusera toujours de se considérer comme un leader. Le chaman, le sorcier yaqui, ne possède aucun pouvoir spécifique. Ses forces visionnaires procèdent de la volonté collective d'une tribu, qui le porte à la transe (généralement sous l'effet du peyotl). Ce rôle se renforce en temps de crise, ce qui est le cas avec la guerre au Viêt-nam, la bombe H, la division de la société américaine sur les problèmes du racisme, de la libération sexuelle et de l'accès aux drogues. On assiste à l'émergence d'une culture rock. Pour Morrison, le chaman doit se concentrer sur ses visions – la poésie – plutôt qu'influer sur les masses.

Étudiant, Jim ne retourne que deux fois dans sa famille, excédé du fait que sa mère se polarise contre son opulente chevelure frisée. Il fait une dernière tentative épistolaire, expliquant qu'il a rencontré des musiciens et qu'il a l'intention de s'engager dans cette voie. Le père enrage d'avoir financé quatre années d'études pour que, sur une apparente tocade, son fils s'oriente vers la musique, activité pour laquelle il n'avait jusqu'alors manifesté qu'un intérêt relatif. « Tout ça, ce n'est que de la fumisterie ! » Pour Jim, la rupture est définitive.

Un arc tendu vingt-deux ans durant

Le meurtre symbolique du père sera définitivement accompli en 1967 avec la chanson « The End », une ambitieuse composition conçue à la manière d'une tragédie œdipienne, avec cette terrible réplique : « Père ! je veux te tuer. Mère ! je veux te... » Tout semble dit. Jim se retrouve seul avec son art, mais aussi avec l'alcool et le LSD, qu'il découvre comme une partie non négligeable de sa génération. Le passé est effacé. Jim déclare se sentir comme un arc qu'on aurait tendu vingt-deux ans durant et soudain lâché : « J'ai toujours été attiré par tout ce qui traite de révolte contre l'autorité. J'aime les idées qui parlent de détruire ou de renverser l'ordre établi. Je m'intéresse à tout ce qui traite de révolte, de désordre, de chaos – et surtout aux activités qui ne semblent avoir aucun sens. » Un message plutôt éloigné de celui des gourous de tout poil et de certaines complaintes fleuries parlant de béatitude. Jim, pris d'une frénésie d'écriture, remplit des carnets de poèmes aussi sombres que révoltés : « J'aimais le pouvoir dissimulé dans le langage. »

L'année de l'explosion des Doors, 1967, coïncidera avec le sommet de la carrière du père, promu amiral. Andy, le frère de Jim, ne découvre l'identité du chanteur que plusieurs mois après avoir craqué sur « Light My Fire ». La famille est sans nouvelles de l'aîné depuis deux ans. Andy présente le disque à son père, et celui-ci découvre que son fils aîné est devenu une star du rock, musique qu'il abhorre, préférant les chansons sentimentales. À l'écoute de « The End », Steve Morrison pâlit et se refuse au moindre commentaire face à la famille consternée. Regret ? Colère ? Indifférence ? Quel sentiment prédomine alors ? Le père comprend qu'il a définitivement perdu le fils insoumis.

Lors d'un concert des Doors à Washington, Clara Morrison tente de revenir vers son fils, mais celui-ci reste inflexible. Il donne même des consignes afin de l'écarter. Il reste dans la logique d'un fort geste symbolique : sur un document promotionnel du label Elektra, il s'est déclaré orphelin de père et de mère. Il a même songé à changer son nom en James Phoenix, ce dont le dissuade Ray Manzarek. Sa mère assiste cependant au show en compagnie de son autre fils, Andy. La légende veut que Jim, l'ayant reconnue, se soit approché d'elle pour interpréter les paroles incestueuses et parricides de « The End ». Plus jamais la mère ne reverra son fils rebelle. Jim, intraitable, ne cherchera jamais à renouer avec ses origines, même s'il revoit très occasionnellement son frère Andy. Le Roi Lézard est sans origine, sans passé.

Le festival de Venice (Californie)

Raymond Daniel Manczarek (dont le nom perdra son *c* lors de la création des Doors), lui aussi à l'UCLA en 1964, n'est encore qu'une vague connaissance de l'étudiant Morrison. Après une longue pratique familiale du piano, il crée le groupe Rick & The Ravens, de tendance jazzy. Lycéen, il laissait sa radio bloquée sur les stations rhythm'n'blues de Chicago, accro à la musique de Muddy Waters, Jimmy Reed ou Otis Spann. Sans oublier Elvis Presley, « Elvis the Pelvis », le premier Blanc à vocalement sonner comme un Noir et à utiliser son corps de façon sexuellement explicite pour imposer le rythme.

À la même époque, en 1964, un groupe de jeunes Anglais, les Beatles, réussit la conquête de l'Amérique. Tout juste est-il concurrencé par d'autres groupes britanniques en apparence plus rebelles, comme les Animals, les Who, les Kinks et les Rolling Stones. L'heure est à l'hégémonie britannique, même si les States tentent de réagir avec les Beach Boys d'un côté, Bob Dylan de l'autre ; fun ou conscience politique. C'est le début du grand boum planétaire de la musique rock et d'une prise de conscience collective : la contre-culture face à l'*establishment*. La jeunesse se perçoit soudain comme une classe sociale à part entière. La musique rock représente alors un art presque naissant, le rock'n'roll (terme dont la paternité est attribuée au disc-jockey Alan Freed) n'étant apparu qu'au tout début des années 50, sous la forme d'un croisement de musique noire (blues, gospel et rhythm'n'blues) et de musique blanche (country et western).

Un soir, par simple curiosité, Jim accepte de remplacer sur scène un des musiciens de Ray. En première partie de Sonny & Cher, il s'amuse à mimer le guitariste absent. Mais c'est à une vieille connaissance, Sam Kilman, qu'il propose tout d'abord de créer un groupe dont il serait le chanteur. Cette pulsion peut sembler relever du caprice. Jusque-là, Jim a manifesté des qualités d'écrivain, de dessinateur ou de cinéaste, mais aucunement celles de musicien. « Je n'avais jamais chanté. Je n'y avais même jamais songé. Je pensais devenir écrivain ou sociologue. » Il confie à Sam qu'il souhaite appeler le groupe The Doors. Il y a *le connu* et *l'inconnu*. Et entre les deux, *les portes*.

Les fameuses *Portes de la perception* citées par Aldous Huxley, l'auteur du *Meilleur des mondes*. Jim désire être l'une de ces portes en référence directe à William Blake : « Si les portes de la perception s'ouvraient, toute chose apparaîtrait à l'homme dans son absolue réalité, c'est-à-dire infinie. »

Le jeune étudiant obtient sa licence en Art cinématographique en 1965. Une fois encore sans daigner assister à la remise des diplômes... La projection de son court-métrage de fin d'études (film a priori non conservé, comme la plupart des travaux d'étudiants à cette époque) fait scandale aussi bien auprès des profs que des étudiants. Jim est incompris. On lui reproche la non-linéarité du projet, le mépris des règles apprises en cours, le choix scabreux de certaines images. « Il faut être communiste pour penser comme ça ! », s'entend-il même dire. Un fossé s'est creusé entre le conservatisme ambiant et les *baby boomers* avides de liberté et d'expérimentations. Une partie importante de la jeunesse entend imposer une culture singulière, un peu dans le style bohème ou dada, une nouvelle vision du monde.

L'imposante bibliothèque de Morrison épate le couple Dorothy et Ray Manzarek : des classiques grecs et romains, des écrivains français comme Rimbaud, Camus ou Genet, ou américains comme Faulkner, Mailer et toute la galaxie Beat. Ray découvre chez Jim les *Carmina Burana* de Carl Orff, expérience qui longtemps le hantera, au point qu'il leur consacrera un album solo en 1983. Il va former avec Jim le pôle intellectuel des Doors, face à celui des « techniciens » constitué par Krieger et Densmore, pourtant universitaires diplômés eux aussi. Ray se montrera toujours le plus amical et compréhensif. L'écriture de poèmes accapare Jim. Cette période fertile fournira un matériau précieux aux Doors. Jim se passionne pour la Nouvelle Vague et les films de Bergman. Ray élargit son spectre musical et assiste, enthousiaste, à des concerts comme ceux du Modern Jazz Quartet. Il reste aussi époustouflé par les répétitions du *Sacre du printemps* de Stravinski, sous la direction de Zubin Mehta.

Les amis de l'époque, le Français Alain Ronay et Frank Lisciandro, joueront un rôle important dans la vie de Jim. Il y a également John DeBella, Phil Oleno, Paul Ferrara, Dave Thomson, Bill Kerby, Dennis Jakob, Babe Hill et Felix Venable, qui encourage le penchant éthylique de Morrison. Felix est l'un des premiers à contribuer au dédoublement de personnalité dont souffrira Jim : d'une part, un être charmant, généreux et spirituel ; de l'autre, un individu infréquentable pour toute personne à jeun, possédé, imprévisible et provocateur. Ce « sujet potentiel pour la métamorphose », stigmatisé par Manzarek sous le sobriquet de « Jimbo », pouvait s'avérer dangereux quand il profitait du penchant de Jim pour dépasser les limites, celles imposées par l'autorité.

Rimbaud fredonne sur la plage

Fin août 1965, sur la plage de Venice proche de Los Angeles, Jim s'avance à contre-jour vers un Ray Manzarek occupé à méditer face à l'océan. Les « anciens » étudiants se reconnaissent et entament une conversation en apparence anodine, mais qui va faire basculer leur existence autant que le paysage musical des années 60 et 70. Ray annonce à Jim que son groupe Ray & The Ravens est sur le point de se séparer. Ils en viennent alors à évoquer la création d'un nouveau groupe. Une chimère comme une autre, le projet entre Jim et Sam Kilman ayant tourné court. Lorsque Ray soulève l'épineux problème des paroles, Jim le laisse pétrifié sur place : non seulement il possède tout un stock de textes, mais il fredonne des bribes de poèmes, à commencer par « Moonlight Drive ». Le choc est rude. Ray réalise d'emblée le potentiel émotionnel des mots de Jim et le charisme de cette voix qui s'épanche, hésitante et presque timide. Sur le coup, Ray pense à Chet Baker. Abasourdi par la révélation d'un « voyant » rimbaldien, il propose à Jim de créer un groupe... et de gagner illico un jackpot d'un million de dollars ! Tous deux rient de cette boutade, mais topent là tout de même. Pourquoi ne pas essayer, après tout ? Si l'idée de fonder un groupe séduit Jim, celui-ci considère avant tout l'expérience comme un tremplin pour sa poésie. Malgré son enthousiasme, Ray est rapidement inquiet des penchants morbides et des réactions imprévisibles de Jim. Les exemples sont nombreux où Morrison a joué avec la mort, physiquement ou mentalement. Il dialogue ainsi volontiers avec l'idée du grand départ, et pose à Manzarek une question qui le laisse sans voix : « Jusqu'à quel âge penses-tu vivre ? » Et Jim se répond lui-même, à voix basse : « Je me vois comme une étoile filante. »

Les deux amis s'entraînent d'abord à la fac, dans la salle de répétition du département Musique. En septembre 1965, aux studios World Pacific de Hollywood, accompagnés d'une bassiste, ils bricolent un ensemble de six titres dont « Moonlight Drive » et « Hello, I Love You ». Cette maquette circule dans les maisons de disques du coin, mais sans retenir l'attention. Cela n'affecte en rien Jim et Ray, convaincus de leur originalité entre la gentillesse pop des Beatles et le blues-rock parfois un peu fruste des Stones. Leur « truc » se situera entre un rock psychédélique et jazzy, et un acid rock teinté de blues, avec la poésie au beau milieu. Mais pour l'heure, ils sont avant tout préoccupés à dénicher quelques oiseaux rares, des musiciens atypiques : un guitariste rock sensible au jazz, ainsi qu'un batteur jazzy prêt à s'encanailler dans le rock. Et éventuellement un bassiste, mais le profil de ce candidat leur importe moins. Morrison avoue être en plein trip aux acides depuis plusieurs semaines. Il s'astreint à un régime draconien et s'adonne à la natation. Il a perdu 16 kilos et mesure 1,86 mètre. Son corps est devenu svelte et félin. Ses cheveux longs ondulés et son sourire à la Steve McQueen complètent le portrait. Sa beauté et son magnétisme saisissent tous ceux qui l'approchent. Jim et Ray se rendent régulièrement à Muscle Beach et s'entraînent aux anneaux et aux barres parallèles. Manzarek s'en souvient comme d'une « expérience extrême ».

Ray fréquente une association pratiquant la méditation transcendantale, activité en vogue à une époque avide de culture orientale. Les chemins de Katmandou s'ouvrent à des milliers d'Occidentaux en mal de sagesse et de paix intérieure. C'est là que Ray fait la rencontre de John Paul Densmore, batteur et fervent admirateur de John Coltrane, Elvin Jones et Miles Davis. Densmore se laisse entraîner à une répétition, bientôt accompagné du guitariste Robert Allen Krieger (alias Robby ou Robbie), lui-même adepte d'un centre de méditation, celui du Maharishi Mahesh Yogi dont les Beatles ont subi l'influence. Tous deux ont déjà joué ensemble au sein d'une modeste formation, The Psychedelic Rangers.

Le courant musical passe bien entre les nouveaux amis, certes d'origine et de goûts différents, mais tous désireux de croiser leurs expériences. John et Robby constatent le manque de pratique de Jim, tout comme son penchant pour l'alcool et diverses drogues, mais restent intrigués par son magnétisme. Ray, aux claviers, est de formation classique, même si ses goûts le portent en priorité vers le jazz et le blues. Robby, fin technicien sur sa guitare Gibson SG Special noire et adepte du « picking » sans médiator comme de la pédale « fuzz tone », est lui aussi grand amateur de blues, mais également de flamenco (il admire Sabicas et Andrés Segovia) et de musique classique moderne (Prokofiev). Il excelle au bottleneck, technique qu'il pratique sur sa guitare avec un véritable goulot de bouteille. Ce bout de verre brisé suffit à impressionner les spectateurs. Quant à John, habitué des galères jazzy, il est rompu à s'adapter à toutes sortes de situations, même s'il trouve les paroles des chansons plutôt « bizarres ». Il reste le membre des Doors le plus éloigné des intentions de

Morrison : « Jim vous foutait la frousse... Quand je l'ai connu, j'ai perdu mon innocence. [...] Jim était un héros métamorphique dont l'audace et l'énergie nous électrisaient. » Les trois instrumentistes sentent à quel point ce sont les textes et la voix de Jim qui vont conférer au groupe sa spécificité. Selon Ray, il suffit de créer une énergie commune pour « planter la graine dans le ventre de la psyché américaine ».

Le groupe ne débusquant pas de bassiste idéal, Ray a l'ingénieuse idée de jouer sur deux registres de claviers : un clavier Fender Rhodes pour la rythmique, et un orgue Vox pour les mélodies. Cette association inusitée assure au groupe son originalité. « Ma main gauche est finalement devenue le bassiste du groupe. La technique du boogie-woogie et ma main gauche sur le clavier-basse se sont combinées pour créer le bourdonnement hypnotique du son des Doors. »

Une intense montée d'énergie

Le groupe répète avec frénésie et enregistre quelques démos percutantes, sorte de versant noir de l'optimisme béat du moment. Il n'est question ni de surf ni de soleil californien, mais d'introspection métaphysique. Le chanteur semble jouer sa vie à tout instant : « La souffrance est là pour nous éveiller. Il faut savoir moduler la douleur comme une radio. »

Tout jeune un tant soit peu branché fume alors de l'herbe sans modération. En 1967, les Doors « se contentent » chacun d'une moyenne quotidienne de 170 grammes de marijuana. Le LSD, sous l'influence de Timothy Leary, connaît une vogue impressionnante. L'auteur de *The Psychedelic Experience* est même désigné par le président Richard Nixon en personne comme « l'homme le plus dangereux d'Amérique ». La permissivité semble en apparence totale. On cherche collectivement l'état cosmique, le nirvana, la transcendance, l'élévation spirituelle, la Grande Expérience. Ça cogne dur aux Portes de la perception ! Un frisson collectif d'espoir et de communion parcourt la jeunesse. On rejette l'Ancien Monde et sa rigueur grise ; on réclame la fête permanente, l'éveil de tous les sens ! Mais pour le groupe naissant, pas de bamboula non-stop. C'est plutôt la dèche et l'amertume suite au rejet des démos, jugées « malsaines » et « dévoyées ».

Jim, déjà bien allumé à l'alcool et aux hallucinogènes, rebelle dans l'âme, se fait réformer. Il s'est « chargé » au point de ne pas dormir durant une semaine, apparaissant devant le conseil de révision tel un zombie effrayant... Cette réforme est un profond soulagement au moment où le pays s'engage dans une guerre aussi vaine que lointaine. Jim la savoure d'autant plus en pensant à son père, le futur amiral !

Chapitre 2

Le brasier de la scène

C'est au peu reluisant London Fog, club situé sur le Sunset Strip de Los Angeles, que le groupe décroche son premier engagement, du 15 janvier au 24 avril 1966. Rien de très excitant en fait, les quatre étant chacun payés 5 dollars en semaine, 10 dollars le week-end, pour jouer cinq à six heures, avec un quart d'heure de pause par heure. Mais l'essentiel, c'est de pratiquer, se tester face à un public aussi clairsemé qu'hétéroclite. Il faut provoquer cette montée d'adrénaline qu'aucune répétition ne peut donner. Jim est déjà incontrôlable... Catapulté sur scène, il en oublie toute réserve : « Je peux me cacher derrière la musique. »

Même s'ils sont parfois agacés de ne pas savoir dans quel état Jim va se pointer sur scène, ses partenaires sont excités par une expérience pleine d'imprévu. La voix de Jim prend de l'épaisseur, se perfectionne chaque soir. Le groupe maîtrise bientôt un répertoire d'une quarantaine de titres, dont quelques reprises et différents standards du blues. Mais la boîte végète depuis trop longtemps et les Doors finissent par se faire virer. Le propriétaire cherche la recette miracle qui lui permettrait de se renflouer.

Ronnie Haran, en cheville avec les patrons du club le plus en vogue à Los Angeles, le Whiskey A Go-Go, a assisté à plusieurs prestations du groupe au London Fog. Fascinée par la sensualité du chanteur, elle convainc Elmer Valentine et Phil Tanzini d'engager les quatre inconnus à partir du 23 mai, pour une rémunération de 135 dollars par tête et par semaine. Les maîtres des lieux et leur rabatteuse Ronnie ont un sacré flair. Les premiers, ils programmeront des inconnus comme Frank Zappa et Captain Beefheart, ou des groupes losers mais surdoués comme Love ou les trop méconnus Seeds, formations qui impressionnent Morrison.

Les Doors flambent au point de rapidement séduire Billy James, du label Columbia, qui leur fait signer un contrat. Hélas, accaparé à dénicher de nouveaux talents, l'imprésario en oublie de concrétiser l'engagement. Il laissera non seulement lui échapper les Doors, mais aussi des artistes majeurs comme Frank Zappa et le showman Lenny Bruce. Aucun titre n'est enregistré et le contrat est rompu avant terme.

Le Whiskey A Go-Go draine le monde branché de la musique, et une rumeur flatteuse accompagne bientôt les concerts du groupe. Digby Diehl, de *Newsweek*, affirme qu'il est difficile de savoir quelle âme Morrison essaie de sauver sur scène, la sienne ou celle de son public. Un feu intérieur le dévore. L'expérience de la scène semble l'avoir révélé à lui-même. Son apparente timidité se mue en force provocatrice affirmée. Il apparaît à beaucoup comme un croisement d'Apollon (le messager de la lumière, de l'intelligence, de la musique et de la jeunesse) et de Dionysos (le dieu de l'ivresse, de la permissivité et de la transe). Cette réputation naissante attire d'autant l'attention que les Doors partagent l'affiche avec des groupes comme les Byrds, Buffalo Springfield ou les Animals d'Eric Burdon, mais aussi Captain Beefheart ou le groupe Them de l'homonyme de Jim, Van Morrison. Les Morrison Brothers forment à l'occasion un duo d'enfer, s'enflammant sur le célèbre « Gloria » de Van ! Jim apprécie particulièrement le rouquin, sa « celtitude » et son sens rageur du blues. Son feeling dévorant. Sans parler de sa redoutable aptitude irlandaise à lever haut le coude à la moindre occasion.

Jac Holzman, nouvel habitué du club, a sacrément le vent en poupe. Il vient de créer le label Elektra et de lancer des groupes novateurs comme le pré-punk MC5 (managé par l'activiste John Sinclair) ou le fusionnel Love d'Arthur Lee, grand amateur de magie noire et de longues compositions flamboyantes – ainsi le saisissant « Revelation » sur l'album *Da Capo*, l'un des tout premiers morceaux de l'histoire du rock à occuper une face entière d'album, avec pas moins de 18'57'' de folie ! Arthur Lee, fan de Coltrane, enregistrera en 1970 « The Everlasting First » avec Jimi Hendrix, titre disponible sur l'album *False Start*. Lee gravera d'ailleurs une version de « Hey Joe » bien avant Hendrix. Les Doors, qui ont assisté à de nombreuses performances du groupe Love, n'ont jamais renié cette influence.

Les artistes rock américains en sont encore souvent à électrifier leur musique. Bob Dylan rencontre ainsi l'incompréhension au festival de Newport, en juillet 1965, lorsqu'il apparaît sur scène accompagné d'une formation électrique. Les oreilles doivent encore se faire à cette révolution sonore. Bruce Springsteen n'en est qu'à ses timides débuts, tout comme le Velvet Underground sur la côte Est. Les Anglais gardent une certaine avance avec des groupes comme Cream, The Kinks, The Small Faces et The Who.

Il faut plusieurs concerts, et l'insistance de Ronnie Haran et d'Arthur Lee, pour que Holzman soit convaincu du génie grandissant des Doors. Une version incandescente de « Light My Fire » finit par le décider à brandir un contrat de 2 500 dollars, assorti de 5 % de droits. Les documents signés vont lier le groupe au label pour trois, puis finalement six albums. Holzman a surtout la brillante intuition de penser au subtil et patient Paul A. Rothchild comme producteur du groupe – associé à Bruce Botnick. Paul est grand amateur de classique, de jazz et de folk, styles auxquels les Doors imposent une profonde touche blues-rock en complément.

La gestuelle sauvage du chanteur fascine l'assistance. Son jeu de scène chorégraphié enchaîne sauts de l'ange dans le public, étreintes lascives avec le micro, harangue nerveuse de l'auditoire, rituels chamaniques et danse de derviche possédé. Le groupe finit toutefois par se faire virer du Whiskey A Go-Go le 27 juillet, suite à une version particulièrement choquante de l'œdipien « The End » qui fait littéralement péter les plombs aux tauliers. Mais personne ne se montrera rancunier... En 1991, une party est organisée pour le lancement du film *The Doors*, et en 1998, Elmer Valentine invite les survivants lors de la campagne promotionnelle du coffret *The Doors Box Set* !

En septembre 1966, Joel Brodsky réussit une session de photos exceptionnelle. Morrison apparaît tel un fauve triomphant face à sa proie l'objectif. Il se mue en véritable *sex symbol*, déclarant : « Nous sommes des politiciens de l'érotique. » Phrase qui fait tilt dans une société encore sous le joug des notions de péché et d'interdit sexuel. Le groupe se met à rêver d'un succès égal à celui des stars montantes, les Bob Dylan, Grateful Dead et Lovin' Spoonful. Mais les *good vibrations* ne sont qu'apparentes... La situation politique est devenue extrêmement tendue à l'intérieur du pays, notamment depuis les violentes émeutes suscitées par le Black Power dans les grandes villes ; Malcolm X a été assassiné l'année précédente. À l'extérieur, tout se complique depuis le bombardement d'Hanoi. Les revues contestataires comme *Rolling Stone*, *Zig Zag* ou *Creem* prennent une importance croissante, ce que ne peut admettre l'*establishment*. Deux conceptions opposées du monde s'affrontent : d'une part, celle des garants de la morale judéo-chrétienne (blanche de préférence) et du culte au veau dollar, les électeurs de Nixon ; d'autre part, celle d'une jeunesse bigarrée, éprise de liberté, d'amour et de transgression.

Histoires de femmes

Jim se complaît dans une vie de bohème, dormant ici ou là en parasite, logeant même un temps chez Ray et son amie Dorothy Fujikawa, fumant à longueur de temps des joints *king « lezard » size*. Dorothy, avec sa modeste paye, assure tant bien que mal la survie matérielle, tandis que Ray et Jim tentent de donner vie à leurs fantasmes artistiques.

Étudiant en Floride, Jim a fréquenté une certaine Mary Werbelow, dont il semble sérieusement accro. Celle-ci – un sacré canon au dire des témoins – le suit jusqu'à Los Angeles. Elle est élue Miss Night Club en 1965 sur Sunset Strip, mais terminera aussi comme danseuse du ventre dans une obscure taverne grecque d'Honolulu...

Le succès venu, Jim fréquente Ronnie Haran, Joan Wilson, Billie Winters (qui introduit les Doors sur la scène new-yorkaise), puis une cohorte de filles parmi lesquelles Gay Blair, Ann Moore, Gayle Enochs et la célèbre groupie Pamela Zarubica, dite « Suzy Creamcheese ». Il rôde et s'installe des heures durant dans divers bars topless. Danny Fields, du label Elektra, déclare : « Les filles faisaient la queue en coulisse pour obtenir le privilège de l'approcher, espérant davantage. Et Jim ne savait pas dire non... Les femmes l'adoraient et il adorait ça. » Il apparaît alors tel un vibrant Dionysos transcendé par la musique et les mots. Il étonne aussi par sa culture, son raffinement, son charme... tant que les bouteilles sont tenues à distance !

Mais une jeune muse de 19 ans fait bientôt une entrée fracassante. Cette fragile et timide rouquine aux yeux verts et à la peau laiteuse se nomme Pamela Courson. Elle sera la « Queen Of The Highway » de Jim, qui lui dédiera ce titre. Elle restera sa « compagne cosmique » jusqu'à la fin de sa vie mouvementée. Un beau soir d'avril 1966, Pamela pénètre au London Fog. Subjuguée par la puissance, l'énergie et la fraîcheur du groupe qui se produit sur scène, elle devient une habituée des lieux. C'est d'abord John Densmore qui la drague avec insistance. Jim, plutôt porté à se « désaltérer » au bar entre ses apparitions sur scène, ne la remarque pas immédiatement. Mais Pamela a littéralement craqué pour lui, et Jim finit bien sûr par s'en apercevoir. Dès le lendemain de leur première conversation, ils sont l'un à l'autre pour toujours. John n'est pas de taille à lutter, et chacun prend conscience de l'importance, de l'évidence profonde de leur rencontre. Les témoignages croisés d'une amie de Pam, Miranda Babitz, et du modiste January Jensen laissent toutefois penser que Jim aurait repéré Pamela un peu plus tôt à l'occasion d'une soirée entre étudiants, sans pouvoir l'aborder.

Le goût sincère de Pamela envers sa poésie sera déterminant aux yeux de Jim, tout comme le fait que la jeune femme soit née près d'une montagne sacrée des Indiens. Le couple ne tarde pas à partager un appartement sur Laurel Canyon Boulevard, à Los Angeles. Mais la vie commune est loin de s'apparenter à un quelconque cocooning ! Si Pamela reste toujours la première dans le cœur de Jim, elle n'est pas l'unique, loin s'en faut, et se comporte aussi avec la plus grande liberté amoureuse. Il se trouve simplement que Pam et Jim reviendront toujours l'un vers l'autre, malgré passions et déchirements en série.

Le succès foudroyant du groupe complique leur relation. Il y a tout d'abord Gloria Stavers, une journaliste du mensuel *16*, qui l'appelle « Mon jeune lion ». Ce qui agace profondément Jim : « Je ne suis pas un lion, mais un lézard. Le Roi Lézard ! » Beaucoup d'autres femmes suivront, selon le rythme de vie tumultueux des rock stars. Selon la modéliste Tina Robbins, « on avait l'impression qu'il couchait avec toutes les femmes de Los Angeles ». De la même façon qu'il tente des « expériences » sur scène, il en tente avec les femmes, testant parfois leurs réactions avec un sadisme non feint. Dans un article paru dans le *Saturday Review*, Ellen Sander ose traiter Jim de « Mickey Mouse de Sade ». Cet affront lui vaudra une humiliation vengeresse devant un parterre de journalistes : Jim la contraint violemment à chanter et, au bord des larmes, la belle Ellen doit s'embarquer dans une pitoyable et larmoyante version de « Hey Jude ».

Patricia Kennealy, rédactrice en chef du magazine *Jazz & Pop*, rencontre Jim en janvier 1969, à l'occasion d'une interview accordée dans une suite de l'hôtel Saint-Moritz. Leur première poignée de main en public provoque une décharge électrique qui impressionne les témoins. Jim lui dédiera la chanson « You Make Me Real ». Rencontre importante : Patricia prétend être une véritable sorcière ! Le chaman et la sorcière... Patricia réussira même à entraîner Jim dans une union non officielle, un « mariage » *wicca* célébré en juin 1970 dans un appartement du Lower East Side, selon le rituel d'une cérémonie ancestrale de magie blanche. À cette occasion, Patricia et Jim mélangent leur sang dans une coupe qu'ils partagent. Patricia Kennealy tombera même enceinte de Jim, mais comme celui-ci refuse de devenir père, elle devra se résigner à avorter en novembre 1970. Un mois plus tard, la prêtresse laisse un message poignardé sur la porte du bureau des Doors. Pam et

Patricia finiront par s'expliquer au sujet de Jim. Patricia trouve Pam très belle, mais aussi jeune et vulnérable : « C'était très contradictoire. Il lui fallait en fait quelqu'un comme elle, avec qui il pouvait se sentir protecteur, mais il avait aussi besoin qu'on le défie, et je crois que c'est ce qu'il appréciait chez moi. Il avait finalement besoin de nous deux. » Il y a aussi Diane Gardiner, qui investit un temps l'étage inférieur d'un appartement occupé par Jim et Pamela sur Norton Avenue. Et Ingrid Thompson qu'il fréquenta assidûment juste avant de quitter les États-Unis pour la France en 1971.

Pour Howard Smith du *Village Voice*, l'apparition de Jim Morrison sur la scène rock survient à un moment de pénurie de *sex symbols* aux États-Unis : « James Dean est mort. Marlon Brando a pris du bide. Les battements de cœur de Dylan sont avant tout cérébraux, et les Beatles se sont toujours montrés trop respectables pour sembler véritablement sexy. Il y a longtemps que rien d'aussi fort n'est apparu pour s'emparer de la libido des masses. » L'heure est au regroupement de la jeunesse en tribus, en mouvement contestataire. En voyant pour la première fois Morrison s'avancer vers lui, avec sa gestuelle souple et son regard magnétique, Steve Harris, du label Elektra, est subjugué : « Même s'il n'est capable que de réciter l'annuaire, ce type va vendre des millions de disques ! »

Visite à Big Apple

En novembre 1966, la série de représentations des Doors à l'Ondine de New York, sur la 59e Rue Est, attire Andy Warhol et sa cour de zombies speedés aux amphés. Les éclatés psychédéliques de Los Angeles se frottent aux snobs sophistiqués de l'aussi luxueuse que glaciale Factory du « pape du pop art ». Mais la glace recèle en son centre un feu européen, la blonde Nico (Christa Pavolsky-Paffgen), née à Cologne. Danny Fields, attaché de presse du label Elektra, provoque la rencontre à l'hôtel Castle : « J'ai pensé qu'ils formeraient un couple du tonnerre. Tous deux étaient franchement mystérieux, charismatiques, poétiques, profonds, sensibles et merveilleux. » L'ex-mannequin et actrice (*La Dolce Vita* de Fellini, *Chelsea Girls* de Warhol, *La Cicatrice intérieure* et *Le Berceau de cristal* de Philippe Garrel, et même *Strip-Tease* de Poitrenaud, avec... Darry Cowl et Francis Blanche !) craque aussitôt pour Morrison. Nico, qui a enregistré l'année précédente aux côtés de Brian Jones et de Jimmy Page, travaille alors avec le Velvet Underground de Lou Reed et John Cale, groupe que Warhol utilise comme concept personnel et support musical pour ses films. Jim la poussera à écrire elle-même ses propres textes. Trois ans après la mort de Morrison, Miss Death Trip enregistrera une sépulcrale reprise de « The End » sur l'album éponyme.

Ébloui par la sauvagerie raffinée de Morrison, Warhol n'a de cesse qu'il ne le courtise, cherchant même à assister en voyeur aux ébats de Jim et Nico... En vain ! Parmi ses manœuvres d'approche, il lui offre un kitchissime téléphone avec cadran en or massif et combiné en ivoire incrusté de parures rococo. En virée nocturne dans Greenwich Village en compagnie de son prestigieux donateur bientôt dépité, Jim baisse la vitre de la voiture et fait don du précieux bigophone à une bande de clochards.

Durant ce mois de novembre, entre concerts photographiés par Linda McCartney et fêtes décadentes, le groupe trouve le temps de mixer son premier album dans les bureaux new-yorkais d'Elektra. Rothchild et Botnick, en état de transe, sont persuadés de peaufiner une véritable bombe musicale. Le son du groupe devient à la fois californien et new-yorkais, une opportunité qui va fortement marquer l'identité musicale des Doors.

Coup d'essai, coup de maîtres...

Il n'aura fallu que deux semaines de studio aux Doors à Los Angeles – mais cinq de mixage à New York ! – pour enregistrer sur un quatre-pistes leur premier disque. L'album *The Doors* déboule dans les bacs des disquaires en janvier 1967. Le groupe s'est déjà taillé une impressionnante cohésion grâce à l'expérience quotidienne de la scène. Question musique, c'est chacun pour tous, même si Jim propose à Ray de virer John Densmore pour incompatibilité d'humeur et de sensibilité.

Le producteur Paul Rothchild, tout juste sorti de prison pour simple détention de marijuana, n'avait pas spécialement été convaincu par la prestation des Doors au Whiskey A Go-Go. C'est d'ailleurs à se demander si le propriétaire d'Elektra, Jac Holzman, comptait vraiment mettre le paquet sur ce groupe débutant... Pour Jim Morrison, les influences sont claires : la musique rock américaine repose essentiellement sur deux acquis, le blues des Noirs du Sud, et cette sorte de croisement de racines « folk » européennes apportées par les différentes vagues d'immigration fin XIXe et début XXe. La famille Morrison est d'origine irlandaise, celle de Manczarek (avec un *c*) d'origine polonaise. Pour Jim, le rock'n'roll (qui n'est jamais né qu'une petite quinzaine d'années plus tôt) n'est qu'une union de ces deux formes musicales. Il est d'ailleurs intéressant de considérer sa vision prémonitoire de l'évolution de la musique rock : « Ce qui arrive aujourd'hui [dans les années 60], c'est que le rock'n'roll est en train de trouver ses racines. Certains retournent à la country, d'autres au blues. J'imagine que dans quatre ou cinq ans, la musique de la nouvelle génération sera une synthèse de ces deux éléments, avec quelque chose en plus... Peut-être s'appuiera-t-on davantage sur l'électronique, sur les bandes... Je m'imagine parfaitement entouré de machines, d'appareils électroniques de toutes sortes, chantant et déclamant en utilisant ces appareils. » Il faudra attendre bien plus longtemps, mais rien d'étonnant à ce qu'un bricoleur sonore comme Fatboy Slim (alias Norman Cook) intègre en 2000 un sample du poème « Bird of Prey » sur son album *Halfway Between The Gutter And The Stars*, avec la voix de Jim Morrison ! En 1989 déjà, sur *Requiem For The Americas Songs From The Lost World*, Jonathan Elias avait fait figurer deux morceaux sur un album avec la voix de Jim : « The Journey » et « The Chant Movement » (Enigma Records).

Paul Rothchild, grisé par sa liberté retrouvée, a vraiment les crocs... et du talent. Il est notamment le producteur de Tom Rush, Crosby, Stills & Nash, Love, Paul Butterfield Blues Band et des Everly Brothers. En 1969, il produit aussi le génial et avant-gardiste Tim Buckley (décédé d'une overdose le 29 juin 1975, à l'âge de 28 ans), collaborateur du poète Larry Beckett. Tim, qui utilise sa voix prodigieuse (cinq octaves et demie) comme une série d'instruments, est le père de Jeff Buckley (fils qu'il ne rencontrera qu'une seule fois durant sa vie !), disparu tout aussi dramatiquement en 1997, à l'âge de 31 ans, emporté par les eaux du Mississippi.

Rodés par leur expérience de la scène, les Doors possèdent pleinement leur répertoire. Ils n'ont plus rien d'un groupe débutant. Rothchild a le grand mérite de canaliser le côté fantasque de Morrison, et confère un son énorme au groupe. La bombe est sous tension, prête à exploser, et Rothchild saura la mettre à feu dans les meilleures conditions. Il se prend au jeu, chaque jour sidéré en découvrant le potentiel du groupe, son identité sonore affermie. Pour enregistrer, il suffit d'attendre que Jim se trouve dans les meilleures conditions, c'est-à-dire, selon Paul, « quand Jim semble au bord de la folie, bien allumé aux acides ». Et sans doute au détonant cocktail acide-alcool !

Rothchild comprend qu'il ne faut surtout pas s'acharner sur un morceau, mais en tester plusieurs chaque jour, et laisser éclore le morceau idéal en fonction des circonstances. C'est ainsi que « The End » est enregistré en une seule prise dans les conditions *live*. Jim, en état de transe, règle leur compte à son enfance, à ses parents, à ses fantasmes. Sa voix, soudain coléreuse, devient âpre et envoûtante. Dans le studio, tous restent pantois à la fin de cette prise mémorable. Chaque jour apporte son lot d'instants miraculeux, même si Jim se laisse parfois emporter jusqu'à massacrer le studio un soir de folie éthylique. Rothchild sauvera le coup et convaincra le label Elektra de régler l'addition... pourtant salée !

Les premiers albums, s'ils ne sont pas forcément les meilleurs, contiennent souvent une énergie, une intensité difficile à retrouver lorsque la routine et l'effet « carrière » s'installent. Ils restent souvent le manifeste incontournable d'une expérience musicale, le creuset où il faudra ensuite savoir revenir pour retrouver la flamme nécessaire. L'album *The Doors* contient à la fois cette fougue et cette simplicité éloignées d'une cacophonie expérimentale parfois dominante. D'une efficacité insolente, il présente une unité de ton teintée de blues, associée à une étonnante variété d'inspiration. Les compositions, très élaborées, jouent sur un large registre, tel le poétique et délicat « Cristal Ship » (d'après une légende celte), le griffé cabaret « Alabama Song (Whisky Bar) » (emprunté à Bertolt Brecht et à Kurt Weill sur les conseils de Dorothy Manzarek, qui partageait avec Jim une admiration pour *L'Opéra de quat'sous*), le bluesy « Back Door Man » (dû à Willie Dixon et magnifié par Howlin' Wolf), l'emblématique « Break On Through (To The Other Side) » (évocateur des « portes de la perception » et très librement inspiré du hit bossa-nova « Girl From Ipanema »), le survitaminé « Light My Fire » (pour le critique Paul Williams, la sensation reçue à l'écoute de ce morceau placé sous l'influence du *Olé* de John Coltrane était aussi forte que celle ressentie durant l'acte sexuel), le célinien « End Of The Night » (écho électrique du *Voyage au bout de la nuit*), et enfin l'incestueux et parricide « The End », qui clôt l'album dans un K.-O. et un chaos complets.

Jim Morrison est aussi omniprésent dans l'écriture des paroles que dans la conception de la musique. L'épisode de Venice Beach est révélateur : Jim possédait à la fois en lui les paroles et les mélodies des premiers titres du groupe. Rien d'étonnant, puisque pour lui une chanson est avant tout un poème mis en musique, le rythme étant indissociable des mots. Robby Krieger prendra progressivement de l'importance dans l'élaboration du répertoire des Doors, mais celui-ci dépendra toujours essentiellement du charisme de Morrison, de son talent de poète et de visionnaire.

Le groupe part généralement d'une idée simple proposée par l'un ou l'autre (le plus souvent Jim), puis la complexifie grâce à une intense pratique de la scène. C'est ainsi que les morceaux s'étirent souvent comme des ragas. Les deux premiers albums sont vite bouclés, tant le groupe maîtrise les morceaux avant même d'entrer en studio. Tout a été mûri et soigné dans les moindres détails, soir après soir, dans l'ambiance intime des clubs. Les compositions ont eu le temps de se développer, toutes les voies ont été préalablement explorées. Le groupe se laisse volontiers embarquer dans de longues compositions que les musiciens appellent leurs « épopées ». Ce qui frappe surtout les premiers auditeurs, ce sont ces paroles qui se démarquent résolument de la production courante ; à l'exception peut-être de rares artistes comme Bob Dylan ou Lou Reed. C'est l'intrusion de la littérature dans le rock, musique où soudain planent les ombres tutélaires de Rimbaud, Baudelaire ou Kerouac. Ces textes complexes ou connotés s'éloignent souvent de l'anecdotique puisé dans le quotidien immédiat.

The Summer of Love

À l'époque, un 45 tours est indispensable pour quitter l'anonymat et toucher le pays dans sa globalité. Ce sera tout d'abord, en janvier, le dynamique manifeste « Break On Through (To The Other Side) ». Les musiciens et leur entourage occupent alors leurs journées à pilonner les radios au téléphone pour réclamer la diffusion du titre. Une pratique alors bien connue des groupes débutants... Mais la grosse affaire, c'est « Light My Fire », de Robby Krieger (sa première composition !). Le groupe tient là un tube et le sait pertinemment, tout comme sa maison Elektra. Mais il y a un hic de taille... Le morceau dure la bagatelle de 7'5'' (quoique toujours crédité par erreur de 6'30'' sur l'album d'origine). Un obstacle infranchissable pour les stations radio et leur saucissonnage millimétré des ondes. Tout doit être calé aux alentours de 3'30''. Hors de ce carcan, nul salut. Les musiciens sont dépités, mais Paul Rothchild et Bruce Botnick vont se révéler décisifs. Les Doors, d'abord réticents, finissent par accepter que les deux compères bricolent le morceau afin de le ramener à une longueur « calibrée radio ». À la première écoute, les musiciens sont outrés. Il faut reconnaître que le lifting est sévère : les solos instrumentaux ont été gommés, alors qu'ils figuraient le principal mobile de cette composition, avec la voix rageuse de Morrison. Mais finalement, chacun accepte cette compression indispensable, l'important demeurant que le morceau soit conservé dans sa version initiale sur l'album.

Dès sa sortie, le titre enflamme les *charts* américains, devenant nº 1 du *Billboard* le 25 juillet 1967. Il dépasse rapidement le million d'exemplaires lors de l'historique *Summer of Love*, et devient un succès planétaire. L'album suit le triomphe du single, imposant un univers aussi hypnotique qu'incontrôlable. Il devient disque d'or le 30 août. Les presseurs habituels des disques Elektra, incapables de tenir la cadence, sont contraints de sous-traiter avec des usines situées dans le Michigan et à Nashville ! Le label décide alors de mettre le paquet et loue de gigantesques emplacements publicitaires sur Sunset Strip. Les Beatles semblent déboulonnés pour un temps. La plaisanterie échangée l'été précédent entre Ray et Jim sur la plage de Venice éclate soudain comme une réalité : le groupe est devenu célèbre en moins de six mois ! Les propositions de concerts affluent de tout le pays, à commencer par le mythique Fillmore de San Francisco. Un plébiscite scénique d'autant plus fort que le show du groupe s'avère parfaitement rodé.

Tout concourt au succès du quatuor électrique, à commencer par le look du chanteur et son comportement provocateur. Le côté sulfureux des Doors tranche radicalement avec la vague finissante des groupes consensuels. Les Turtles ou les Beach Boys première manière, par exemple, reflètent l'optimisme surf d'une époque florissante ; celle d'une société qui va déchanter en découvrant les ravages du napalm au Viêt-nam et le contrecoup du ségrégationnisme aux États-Unis mêmes.

Le mouvement hippie, le Flower Power, prend une ampleur considérable, avec un sens aigu du collectif et de la fraternité. Les vêtements, nimbés de patchouli, se font extravagants. Sous l'effet euphorisant des joints et autres trips, on devient franchement décontracté. On mange naturel et végétarien. On médite oriental. Les cheveux se portent longs afin de se distinguer d'une société vieillissante et réactionnaire. Il s'agit de se démarquer physiquement des nuques rasées et des cols à cravate. Les mœurs évoluent, les couleurs éclatent dans des light-shows psychédéliques, l'encens flotte, la nudité n'est plus tout à fait taboue, le corps se libère dans une sexualité volontiers libertine. Une musique nouvelle jaillit de partout, moins à Los Angeles qu'à San Francisco, avec des groupes comme l'autarcique Grateful Dead, Jefferson Airplane ou Sly & The Family Stone. On est prêt alors à parier pour une transe collective, le début d'une ère nouvelle... Sans oublier que cette génération innocente et réfractaire va rapidement représenter une cible commerciale de choix. C'est le célèbre « Été de l'amour » en Californie, le Monterey Pop Festival (16 et 17 juin) avec les Byrds, les Mamas & les Papas et Canned Heat. Jimi Hendrix et Janis Joplin renversent les idées musicales reçues. La presse underground est en pleine effervescence. Face à l'ampleur du succès des Doors, le label Elektra fait le forcing pour obtenir un nouvel album dans les meilleurs délais.

La scène comme dramaturgie antique

Le jeu de scène de Morrison est marqué par différentes expériences théâtrales. La mythologie et la dramaturgie grecques sont au premier plan, mais l'effervescence créatrice des années 60 exerce aussi son influence. Le Living Theatre, fondé par Julian Beck et Judith Malina, est alors une troupe communautaire d'avant-garde défrayant la chronique. Celle-ci, prônant le théâtre « conflictuel », fait activement participer le public. Chaque représentation laisse une large part à l'improvisation. Jim se montre bien sûr extrêmement réceptif à de telles intentions. Il est grisé par le pouvoir qu'il peut exercer sur les foules. L'imprévu constitue l'ingrédient majeur du show. Les musiciens eux-mêmes ignorent souvent ce que Jim trame au moment de pénétrer sur scène. Le chaman communique sa transe, son magnétisme et ses visions à ses partenaires comme aux spectateurs.

Le succès immédiat du groupe entraîne une structuration urgente de son entourage. Il y a soudain de l'argent à gérer, beaucoup d'argent : plus d'un million de dollars de revenus pour la seule année 1967. Et des contrats, des tournées, une flopée de contraintes nouvelles. Afin d'éviter tout conflit interne, Jim propose que l'ensemble des revenus soit partagé en quatre parts égales, quel que soit l'auteur de la composition et des textes. L'argent ne le préoccupe guère et toute idée de possession le dégoûte. Il n'affichera d'ailleurs jamais le moindre signe de richesse, flambant allégrement son argent pour Pam et le dilapidant en coûteux procès. Il attire aussi au passage toute une faune de parasites sans scrupule, qu'il régale tant que ceux-ci ont de l'esprit, le sens de la repartie... et un gosier à toute épreuve. Et de fait, il n'y aura jamais de cupide conflit entre les quatre Doors... du moins jusqu'à la mort de Jim ! L'agent Todd Schiffman, les managers Asher Dann et Sal Bonafede, l'avocat Max Fink, tous plus ou moins novices dans leurs fonctions, font leur apparition. Bill Siddons, road manager alors âgé de 19 ans, remplace rapidement Dann et Bonafede, même s'il en coûte 50 000 dollars pour rupture de contrat.

Mais le groupe souffre bientôt de ne plus pouvoir peaufiner ses chansons dans l'ambiance intime des clubs, condamné à évoluer dans les plus grandes arènes du pays. Les sollicitations se multiplient, le calendrier s'affole. Le groupe produit un effet incroyable sur scène. Iggy Pop (alias James Osterberg), entre autres, est sidéré. Tout au long de sa carrière, l'ex-chanteur des Stooges reconnaîtra cette influence majeure : « J'étais un des meilleurs fans de Jim. Il était si audacieux, si culotté ! »

Sacrilège au *prime time*

Jim se montre de moins en moins enclin aux concessions. Le top de la reconnaissance télévisée survient le 17 septembre 1967 à l'occasion d'une apparition en direct au « Ed Sullivan Show », alors l'émission de variétés la plus populaire et la plus courtisée par les artistes. Son présentateur incarne le comble du conformisme. Ed Sullivan et Bob Precht, son gendre de réalisateur, en coulisse, demandent à Morrison, nu sous son pantalon de cuir, de modifier quelque peu les paroles de « Light My Fire ». Ils veulent éviter de choquer les dix millions de téléspectateurs, et suggèrent également au groupe d'« essayer de sourire » face à la caméra. Cette fois, Jim tient sa revanche... Non seulement il ne cédera rien, mais il saisit l'occasion pour bafouer la censure devant l'Amérique profonde. Face à la caméra, déterminé, il insiste sur l'expression « planer ». Ed et sa clique, mortifiés, étouffent de rage. Le groupe n'apparaîtra bien sûr plus jamais à cette émission aux retombées commerciales redoutablement efficaces. L'événement n'est pas sans conséquence à une époque où il n'existe encore que trois chaînes télévisées nationales aux États-Unis, et aucune émission spécifique consacrée à la musique rock, bien loin d'avoir gagné ses lettres de noblesse. Le phénomène, bien qu'impressionnant en termes de ventes de disques, reste médiatiquement marginalisé.

Jours étranges

Strange Days paraît en octobre 1967, soit dix mois à peine après l'album *The Doors*. Les compositions sont tout à fait du niveau du premier opus ; les textes datent de la période estudiantine de Jim, qui voit encore le groupe comme un médium lui permettant d'exprimer sa poésie à un vaste public. Il ne veut déjà plus que son image serve d'accroche sur les pochettes. Le disque, enregistré en moins de deux mois, est cette fois-ci peaufiné sur un huit-pistes. Ce véritable *must* pour l'époque autorise un important travail de production. Les nouvelles possibilités techniques procurent un sentiment de vertige aux jeunes musiciens, prêts à toutes les expériences : « On a fait *Strange Days* à la façon d'un film de Fritz Lang, comme *Metropolis*, avec nos blouses de laborantins. » Ray, muni de mailloches, plonge dans un piano à queue Yamaha pour en tirer des sons angoissants. Le groupe enregistre pour la première fois avec un bassiste, Douglas Lubahn. La sophistication de l'enregistrement tranche par rapport à l'apparente simplicité du premier disque, avec par exemple des parties de piano à l'envers sur « Unhappy Girl », et une sorte de vent électronique sur « Horse Latitude ». Il s'agit aussi d'une des toutes premières apparitions du synthétiseur Moog sur des enregistrements de rock music ; un contraste étonnant avec le clavecin également utilisé pour l'occasion ! À l'écoute du Moog, Ray Manzarek pense tout d'abord à Karlheinz Stockhausen. La pochette, due à Joel Brodsky, ne joue plus sur l'image de Jim ni même sur celle du groupe, hormis une affichette placardée dans le décor. Elle offre la vision conceptuelle et post-surréaliste d'un monde chaotique et onirique, une sorte de cirque urbain en folie. Si on peut songer au film *Freaks* de Tod Browning (1932), ce monde représente surtout celui de Hollywood Boulevard, peuplé d'une faune interlope, freaks et hippies mêlés. Une société en pleine mutation.

Le titre « Strange Days », tout en réverbérations, évoque l'isolement parmi la foule. « Horse Latitudes » est construit à partir d'un des poèmes de Jim écrits au lycée, vers l'âge de 16 ans : une rêverie sur ces chevaux que les conquistadors espagnols, en route pour le Nouveau Monde, jetaient par-dessus bord en mer des Sargasses afin de délester leurs goélettes. « Moonlight Drive » est l'un des poèmes murmurés sur la plage de Venice à l'intention de Ray. « When The Music's Over », à la fois écologique et chamanique, est l'une de ces longues compositions (11') enregistrées dans les conditions *live* dont Jim raffolait. C'est sur ce titre que figure le célèbre « We want the world and we want it... Now ! » Le morceau « You're Lost Little Girl » penche quant à lui du côté crooner, Morrison ayant même songé proposer cette chanson à Frank Sinatra, dont la voix l'impressionnait. Un titre davantage glamour, « Love Me Two Times », va bientôt être censuré par les radios... Cette composition est en effet celle sur laquelle Jim se fera arrêter sur scène à New Haven. Alain Ronay, l'ami français de la fac, assiste aux enregistrements en compagnie de Pamela Courson. Tous deux figurent parmi les seules cinq personnes qui assisteront quelques années plus tard à l'enterrement de Jim.

Le groupe enchaîne sur une tournée nationale qui l'impose définitivement. Le succès critique est quasiment unanime, de *Newsweek* au *New York Times*. Exploit rarissime dans l'histoire du disque, le groupe place la même semaine ses deux premiers albums dans le Top 5 des *charts* américains. Les 500 000 précommandes de *Strange Days* sont absorbées en moins d'un mois.

Un coup de semonce

En pleine tournée promotionnelle, le groupe se produit le 9 décembre 1967 à New Haven, dans le Connecticut. Ce concert va constituer une étape tragique pour les Doors, et principalement pour leur chanteur. Dans les coulisses, bien avant le show, Jim s'isole avec une fille dans les douches jouxtant les loges. Il est alors pris à partie par un policier particulièrement zélé qui l'agresse à l'aide d'une bombe paralysante. Dès le début du concert, sur « Back Door Man », Jim freine les musiciens (« Wait a minute ! Wait a minute ! ») et entreprend de raconter au public l'agression dont il vient d'être la victime, ironisant sur le petit homme en uniforme et casquette bleus, avec des sous-entendus sur les prétendues libertés américaines. « Je croyais que leur devise était "protéger et servir", à ces fascistes ! » Ces mots ont pour effet de provoquer un début d'émeute. Ulcérés, certains policiers arrêtent carrément Jim sur scène alors que les musiciens continuent de jouer. Le chanteur ne se démonte pas, conscient de l'impact de la situation. Lorsqu'un flic s'approche de lui, il lui tend le micro. Jim le subversif sera accusé d'exhibition indécente et immorale, d'atteinte à l'ordre public et d'incitation à l'émeute.

Libéré sous caution, il sera par la suite acquitté, mais cet incident va créer un fâcheux précédent dans la vie du groupe, désormais affublé d'une réputation sulfureuse d'anarchiste provocateur. Jim semble déjà lassé par la surmédiatisation des Doors, tout comme par l'exploitation commerciale de son image. Il dérange l'ordre établi, et on lui fait bien sentir les limites du jeu. « J'ai toujours été attiré par tout ce qui parlait de révolte contre l'autorité. Celui qui se réconcilie avec l'autorité se met à en faire partie. » Morrison n'est pas le seul à provoquer l'ordre et l'hypocrisie régnant alors aux États-Unis. Des artistes comme Frank

Zappa *(Absolutely Free)*, Grateful Dead ou Jefferson Airplane radicalisent volontiers leur discours ou leur attitude. Des films comme *Bonnie and Clyde, Docteur Folamour* ou *Devine qui vient dîner ?* s'engagent résolument contre l'ordre aveugle ou la bêtise criminelle du racisme. Morrison menace de quitter le groupe. Soudain, l'alcool n'est plus un moteur à la création, mais devient plutôt un refuge contre l'agression du monde extérieur.

Chapitre 3

Rock is dead

En janvier 1968, le groupe entre en studio pour l'enregistrement de son troisième album, *Waiting For The Sun*, disque engagé sur fond de guerre au Viêt-nam. Plus de 500 000 GI's pataugent là-bas dans les rizières rougies. Si l'Ouest des États-Unis semble céder au charme naïf du Flower Power en réaction au carnage napalmé, l'Est choisit la fermeté, la radicalisation désespérée.

Notre petite entreprise

Le groupe doit consolider d'urgence ses structures. Bill Siddons, à 22 ans, est promu manager officiel. Vince Treanor, Kathy Lisciandro, Danny Sugerman et Leon Barnard complètent le staff. Les Doors louent le premier étage puis le rez-de-chaussée d'une bâtisse proche des bureaux du label Elektra, à l'angle de Santa Monica Boulevard et de La Cienega, à l'ouest de Los Angeles. Le rez-de-chaussée est réservé aux répétitions, l'étage aux affaires, avec *brainstorming* chaque vendredi. Jim trouve rapidement ses marques dans le quartier, entre l'Alta Cienega Motel et le Phone Booth, une boîte topless qui devient en quelque sorte son salon. Des potes comme Babe, Lisciandro, Baker et Ferrara s'incrustent auprès d'un Jim désintéressé et flambeur, ce qui ne saurait réjouir Pamela qui installe à proximité sa boutique de mode Themis.

Ray Manzarek, qui sent la situation lui échapper, tente de recentrer Morrison sur les activités purement musicales. En bénéficiant d'une salle de répétition à plein temps, le groupe est devenu autonome. On commence à travailler les premiers titres de *Waiting For The Sun*, même si Jim reste aussi imprévisible. Un de ses sports favoris, au grand dam de ses proches, consiste à traverser Sunset Boulevard en toréant parmi les voitures. Il les esquive avec grâce et désinvolture, frôlant souvent l'accident. Morrison rejette cette image de star par qui surgit le scandale. Il voudrait donner à voir l'écrivain, alors qu'on ne semble remarquer que le phénomène de foire. Dégoûté, il répond par la provocation et fait dégénérer des concerts pourtant triomphaux, comme celui du 10 mai 1968 à Chicago. Les forces de l'ordre sont rendues nerveuses par le conflit vietnamien qui s'éternise, tandis que de leur côté, les opposants à la guerre se révèlent très actifs. 1968 est l'année des attentats meurtriers (Martin Luther King en avril, Bob Kennedy en juin), celle de graves bavures, comme à la Kent State University où la police tire dans la foule, tuant quatre étudiants. C'est aussi l'année d'importantes fêlures un peu partout dans le monde : l'enlisement au Viêt-nam, bien sûr, avec ses répercussions internationales, mais également Mai 68 en France, le Printemps de Prague étouffé par les chars soviétiques, la « nuit de Tlatelolco » au Mexique, où la police ouvre le feu sur les étudiants qui tombent par dizaines...

Jim-Jimbo se rapproche d'un trio proche de ses aspirations : Paul Ferrara et Frank Lisciandro, deux anciens de la fac, et Babe Hill, dit « le bœuf bleu », roi de l'embrouille et fêtard notoire. Ferrara, qui vient de filmer les Doors sur scène au Hollywood Bowl, en présence des Rolling Stones (Mick Jagger se montre intrigué par le magnétisme du showman Morrison), coordonne un documentaire consacré au groupe. Mais ce projet contribue surtout à creuser l'écart entre les musiciens et Jim, le groupe finançant autant le film que les fiestas qui l'accompagnent. Avec Paul, Frank et Babe, fêtes et beuveries s'enchaînent, tandis qu'avec Ray, Robbie et John, grands amateurs de jus de fruits bio, les liens se résument essentiellement à des rapports de travail et d'intérêt.

Célébration différée pour le Roi Lézard

Enregistré aux studios TTG de Hollywood, *Waiting For The Sun* paraît en juillet 1968. Jim souhaite intituler l'album *The Celebration Of The Lizard*, avec une face entière consacrée au poème du même titre. Il est impressionné par l'audacieux *Da Capo* du groupe Love – lui aussi produit par Paul Rothchild ! –, sur lequel figure « Revelation », une composition de 18'57'' toute en saxo, harmonica et clavecin, avec guitares venimeuses et rythmique lancinante. On comprend que

Morrison soit attaché à cette idée de célébration : « Les reptiles sont les descendants d'ancêtres magnifiques capables de survivre à un autre conflit mondial. » Ce concept l'obsède avant de finir par l'irriter, étant donné l'importance caricaturale qu'il suscite : « Je suis le Roi Lézard, je peux tout faire. » Le reptile représente l'inconnu. Il évoque la transgression, permet l'hypnose des foules, le « rock orgasmique ». Cette identification aide Morrison à effacer père et mère. Il se considère désormais comme le fils du Grand Reptile : « Nous sommes les descendants des reptiles, et je vois l'univers comme un gigantesque serpent. J'ai toujours vu les gens, les objets, les paysages comme de menus reflets sur leurs écailles. Je crois que le mouvement péristaltique est celui de la vie par excellence ; nos structures unicellulaires elles-mêmes obéissent à ce mouvement. Avaler, digérer, avoir des rapports sexuels. » Morrison se fait confectionner un costume en peau de serpent par le modiste January Jansen ; un habit qu'il affectionne particulièrement et que Jansen dut sans cesse rafistoler. La première fois que Jim se pointe dans les locaux d'Elektra ainsi vêtu, le réceptionniste, interloqué, lui demande : « Où est le serpent ? » La réponse fuse telle la langue d'un reptile : « Il est à l'intérieur ! » Jim ne se considère pas comme un chanteur, mais plutôt comme un maître de cérémonie. Un provocateur spirituel. Un chaman. Une sorte d'intermédiaire entre les forces obscures et le public.

Les trois musiciens refusent d'intégrer « Celebration Of The Lizard » sur le nouvel album, une composition jugée par trop anticommerciale. « Jadis j'avais un petit jeu / J'aimais ramper vers l'intérieur de mon cerveau / J'imagine que vous devinez à quel jeu je pense / Je pense à ce jeu appelé "devenir fou" / Vous devriez essayer ce petit jeu / Juste fermer les yeux, oublier les gens / Et nous érigerons un clocher nouveau. » Ce désaccord va contribuer à éloigner Jim du trio, même si un enregistrement public du morceau figurera ensuite sur le double album *Absolutely Live*.

Même si *Waiting For The Sun* n'atteint que rarement l'intensité des deux premiers albums, le succès ne se dément pas. Le single « Hello, I Love You », proche du « All The Day And All The Night » des Kinks, devient n° 1 des ventes et dépasse allégrement le million d'exemplaires. L'autre 45 tours extrait de l'album, « The Unknown Soldier » (le soldat inconnu), ne risque pas de passer inaperçu en pleine guerre du Viêt-nam, d'autant qu'il est accompagné d'un précurseur du clip, un court-métrage à la mise en scène dramatique. Un Jim déserteur s'y fait fusiller par un peloton d'exécution constitué de critiques rock de premier plan. Ce titre est le plus ouvertement engagé du répertoire des Doors, à une époque où l'utopie d'une génération semble soudain rattrapée par les balles réelles de ceux qui détiennent le pouvoir. Il est parfois devenu de bon ton de se moquer de l'utopie hippie, mais au bénéfice de quelle réalité, sinon purement matérialiste ? Si « The Unknown Soldier » est censuré sur les ondes américaines, Jim Morrison n'en est pas moins élu « chanteur de l'année » par les lecteurs du très branché *Village Voice*. Et la critique suit, comme Gene Youngblood du *Los Angeles Free Press* : « Au-delà du rock, il s'agit d'un rituel. Un exorcisme d'ordre psychosexuel. Les Doors s'avèrent être les sorciers de la culture pop, et Morrison un ange exterminateur. » Krieger impose son influence sur « Spanish Caravan », une adaptation du traditionnel flamenco « Los Granadinas ». Le titre « Five To One » (cinq contre un) est également engagé : « Personne ne sortira d'ici vivant / Les vieux vieillissent et les jeunes deviennent plus forts / Ils ont les fusils, nous avons le nombre / Nous vaincrons, oui, nous prendrons le dessus / En avant ! »

Comme Jim prend du recul, Robby Krieger en profite pour s'investir davantage. Morrison commence à souffrir d'un dédoublement de personnalité, sous l'influence de son ombre mauvaise, le Jimbo dissimulé dans les culs de bouteille. Période cocktail Wild Turkey rehaussé aux Smarties euphorisantes. Ce Jimbo aux amitiés parfois dangereuses se met à rêver de détruire ce groupe qui l'écarte de l'écriture et le jette sous les feux perfides du showbiz. Avant la fin de l'été 1968, *Waiting For The Sun* est n° 1 aux États-Unis. Morrison annonce alors à Manzarek qu'il souhaite quitter le groupe. Il se sent au bord de la dépression nerveuse, d'autant que certains le poussent à quitter les Doors. Jim se sent écartelé entre le rêve concrétisé et un moi qui se met à lui déplaire. Quel est le sens du succès quand celui-ci déforme la réalité ? Jim est perturbé par ce succès si rapide, si intense. L'excitation du début s'est dissoute dans l'alcool et un jeu de rôles qui ne lui conviennent pas. Selon la formule d'Yves Adrien, il est peu à peu devenu le *lead drinker* des Doors. L'évolution de la musique rock le déçoit : « L'explosion initiale est éteinte. Il y a bien eu un renouveau amorcé par les Anglais, qui était articulé, mais il est devenu trop conscient, ce qui à mon avis signifie la mort de tout mouvement. L'énergie a disparu. » Il faudra en effet attendre le mouvement punk pour retrouver simplicité, authenticité et haute énergie, mais Jim ne sera plus là... Pour l'heure, Manzarek le convainc de rester, sans réaliser qu'il est effectivement malade. Malade de trop de notoriété.

Escapade européenne

Les concerts deviennent encore plus houleux. Certains, comme à New York et Cleveland, doivent même être interrompus. Une opportunité se présente heureusement qui permet aux Doors d'échapper au tourbillon médiatique : une tournée européenne de dix concerts, du 3 au 21 septembre 1968, en compagnie du Jefferson Airplane de Grace Slick et Paul Kantner. Londres, Francfort, Amsterdam, Copenhague et Stockholm. Mais aucune apparition en France ; le concert prévu à l'Olympia le 14 septembre 1970, juste après le festival de Wight, sera annulé en raison du procès de Miami. La tournée n'est pas de tout repos, entremêlant moments de grâce et d'épouvante. Jim s'évanouit même avant de monter sur scène à Amsterdam, et doit être évacué sous oxygène. Le groupe est contraint de se produire en trio. Robby et Ray se partagent les parties vocales. Cette tournée restera la seule effectuée en Europe par les Doors. Le groupe ne reviendra au complet que pour une apparition au festival de Wight, en 1970.

En octobre 1968, Jim et Pamela louent un appartement à Londres, dans le quartier de Belgravia. Cette escapade londonienne offre une pause salutaire au couple, qui fréquente l'écrivain Michael McClure. Ce dernier incite Jim à publier ses poèmes, mais d'abord à tirage limité pour ses amis proches, avant de passer à une édition courante. Tous deux ont bien conscience que la notoriété du chanteur faussera le regard porté sur le poète. McClure et Morrison en profitent pour travailler à l'adaptation cinématographique de la pièce de Michael, *The Beard*, dans laquelle Jim aurait interprété le rôle de Billy The Kid. De retour au pays à l'automne, les Doors sont aussitôt happés par une vaste tournée. Le succès est tel que le groupe ne peut plus désormais se produire que dans des salles de plus de 10 000 places, comme le Madison Square Garden de New York ou le L.A. Forum de Los Angeles. L'aspect show prend résolument le dessus au détriment de la musique. Le groupe, piégé dans une spectaculaire surenchère, se produira plus de deux cent cinquante fois sur scène durant sa courte carrière. La fusion rock-jazz-poésie voulue au départ n'est plus au centre du projet, du moins sur scène. Manzarek déplore la mise au second plan de son souhait : devenir une sorte de Modern Jazz Quartet rock électronique. « Du John Lewis et Milt Jackson sous acide pour un petit quatuor esthétique. »

Même si les Doors n'apparaissent pas au festival de Woodstock en août 69, ils sont devenus le groupe n° 1 aux États-Unis, avec Creedence Clearwater Revival. Ils représentent le pendant américain des Stones et des Beatles. Toutefois, les liens entre Jim et le reste du groupe continuent de se fragiliser. Un événement va d'ailleurs contribuer à creuser le fossé. Sans l'en avertir, ses partenaires signent un accord juteux avec la firme Buick pour un spot télévisé. Le *deal* porte sur l'utilisation du titre « Light My Fire », avec comme slogan : « Come on, Buick, light my fire. » La rage de Morrison est telle qu'il menace de détruire une Buick sur scène et qu'il finit par convaincre les autres Doors de renoncer au pactole. Jim se sent trahi : « Je pensais que c'était "un pour tous, tous pour un". Je pensais que nous étions des frères. Je ne peux plus vous faire confiance. » L'appât du gain ne doit masquer ni la lutte politique, ni les convictions artistiques. « Ce n'est qu'une putain d'industrie ! Une mafia ! C'est le diable, bande d'enculés ! Vous venez de signer un pacte avec le diable. » L'incompréhension est totale, et ce détail fera que du jour au lendemain plus rien ne sera comme avant. Afin d'éviter le scandale, la firme Buick préfère rompre le contrat.

« Rock Is Dead », la fêlure

Le 25 février 1969, au studio de La Cienega Boulevard, le groupe enregistre une longue et visionnaire improvisation, « Rock Is Dead » (21'12'' sur le coffret pirate *The Doors Complete*, 16'39'' sur le coffret officiel *The Doors Box Set*). Manzarek se souvient que l'on est arrivé en bout de bande en plein milieu de l'enregistrement, et que les techniciens crurent perdre cinq à six minutes d'action ! Lourde de sens pour Jim (le rock est mort), cette prise a longtemps fait fantasmer les fans, ne figurant sur aucun album officiel pendant plus de vingt-cinq ans. On ne trouva enfin cet enregistrement que sur le fameux coffret pirate de quatre CD publié en Italie par Great Dane Records et MGR Records / A Red Phantom. Ce coffret contient un livret et une affichette reproduisant les pochettes de cinquante et un disques pirates édités en Allemagne, en Grèce, en Italie et au Luxembourg !

Cette longue composition est enregistrée à la demande de Jim (« Let's jam ! »), alors que le groupe sort raide défoncé d'un repas copieusement arrosé à la bière et au cabernet dans un rade mexicain, le Blue Boar Restaurant. Paul Ferrara et Babe Hill rôdent dans les parages. Cette sombre et bouleversante improvisation balaie plusieurs genres musicaux, du blues au rock, en passant par le classique, le surf et le latino. Une interprétation aussi désabusée que paroxystique, lorsque Jim lâche d'une voix sépulcrale : « Rock is dead ! » Ce morceau d'échauffement, à l'origine, n'est pas destiné à paraître sur disque. Morrison avoue lui-même : « Je doute que quelqu'un l'entende un jour ! » Robby Krieger précise : « Peu après cette session, Janis et Jimi mouraient, les Cream se séparaient, etc. Le rock mourait. » L'angoisse de Jim est prémonitoire de sa propre mort. Cette composition transpire l'angoisse qui ne cessera alors de l'envahir.

Apollon brise sa propre statue

Le 1er mars 1969, les Doors doivent se produire au Dinner Key Auditorium de Miami, dans la région natale de Jim. Plus de 12 000 personnes ont envahi la vaste salle, chiffre largement supérieur à celui stipulé lors de la signature du contrat, les organisateurs ayant fait démonter les fauteuils. L'ambiance est survoltée. Jim, passablement éméché, rumine comme un leitmotiv : « Pas de règles, pas de limites ! » Le spectacle va dégénérer. Morrison est sous le choc des cinq représentations du *Paradise Now* (dont Coppola s'inspirera pour le titre d'*Apocalypse Now*) du Living Theatre, auxquelles il vient juste d'assister fin février. Il a même participé sur scène, les spectateurs devenant acteurs dans un happening placé sous le double signe du théâtre de la cruauté d'Artaud et du théâtre épique de Brecht. La troupe dénonce les tabous de la société américaine, répétant : « Je n'ai pas le droit d'ôter mes vêtements en public. Je dois m'arrêter aux portes du paradis. » Et aussi : « Je dois payer mes impôts pour soutenir une guerre impie contre des gens qui ne cherchent qu'à unifier leur pays. Je ne crois pas en la guerre au Viêt-nam. »

La scène de l'auditorium, constituée d'un échafaudage, se met dangereusement à tanguer. On frôle la catastrophe. Jim, particulièrement déchaîné, provoque verbalement le public et simule lascivement d'exhiber son sexe hors de son pantalon de cuir moulant. « Vous n'êtes pas simplement venus écouter un bon groupe de rock. Vous êtes venus pour *voir* quelque chose, non ? Vous n'êtes pas venus écouter de la musique. Vous êtes venus au cirque ! » Manzarek, afin d'éviter l'irréparable, a l'heureux réflexe d'expédier le responsable du matériel ceinturer Morrison. La confusion est à son comble. Les musiciens, quoique paniqués par l'audace de Jim et le roulis de la scène, continuent de suivre un rythme frénétique. Aujourd'hui encore, le doute subsiste sur le fait que Morrison ait vraiment montré son sexe sur scène. Iggy Pop le fera plus tard, mais les temps avaient changé et les risques pratiquement disparu. La plupart des témoins ont déclaré ne rien avoir remarqué, quelques très rares individus affirmant toutefois avoir vu l'« objet du délit ». Car il est bien question de délit, même si aucune intervention des forces de l'ordre ne fut à noter ce soir-là. Or, pour une fois, Jim portait un slip sous son pantalon de cuir. Ce concert aura malheureusement contribué à griffonner une caricature hâtive de Morrison dans la mythologie du rock. Le cliché stupide du Morrison « se masturbant en public » sera trop complaisamment colporté d'article en article. L'Amérique puritaine aime toujours se protéger derrière des barrières, et ce soir-là, certains se sont retrouvés dans une zone à risque qui les a déboussolés.

Des limites ont été franchies et les autorités en profitent. L'occasion est trop belle de contrer les rebelles. Le 5 mars, un mandat d'arrêt est lancé contre Jim Morrison pour « conduite impudique sur scène, exhibition indécente, obscénité et ivresse publique ». L'ordre règne, à tel point qu'un « concert pour la décence » est organisé à l'Orange Bowl, réunissant les plus ringards des artistes du coin. Mot d'ordre : « La défense des valeurs chrétiennes traditionnelles, décentes et salvatrices. » Les forces réactionnaires s'organisent face aux « excès » d'une jeunesse contestataire.

Jim part alors se reposer en Jamaïque, et le FBI en profite aussitôt pour lancer un mandat d'arrêt, l'accusant de « fuite délictueuse » pour avoir indûment quitté le territoire des États-Unis. On lui reproche à la fois d'avoir exhibé son sexe en public et d'avoir simulé à genoux une fellation avec la guitare de Robby Krieger. Plaisanteries qui pourraient lui valoir sept années de prison... De retour le 7 avril, Jim doit aussitôt payer une caution de 5 000 dollars pour rester en liberté. Il entre alors dans une longue attente de procès, menace qui pèsera lourdement sur sa destinée. Le FBI concentre ses efforts sur ces musiciens à l'influence si néfaste pour la jeunesse américaine. Des dossiers sont ouverts sur les agissements de Jimi Hendrix et Janis Joplin, et plus tard de John Lennon. L'ordre prend très au sérieux ces agitateurs. Le mouvement hippie a démontré que la jeunesse était capable de s'organiser en contre-pouvoir, et un tel comportement paraît inadmissible à une administration qui, depuis, n'aura eu de cesse de contrarier l'émergence de tout consensus contestataire. Elle semble d'ailleurs y être parvenue...

Une vaste campagne anti-Doors est à la fois orchestrée par différents journaux et une ligue contre l'obscénité. Tous les concerts prévus doivent être annulés. On estime alors à un million de dollars les pertes de revenus en billetterie. La musique des Doors est boycottée par la majorité des radios. Même le magazine *Rolling Stone*, avec un humour douteux, se laisse aller à afficher cet affligeant commentaire sous un portrait de Jim : « Wanted in the County of Dade for : lewd and lascivious behavior in public by exposing his private parts and by simulating masturbation and oral copulation, a felony. » Inutile de traduire ! Si l'effet produit se révèle désastreux pour l'image du groupe, Jim n'est pas mécontent de gagner enfin du temps libre. Il en profite pour se consacrer à ses poèmes et à la préparation du film *HWY (Hiway)*, un moyen-métrage volontairement dépourvu de potentiel commercial et narrant l'histoire d'un auto-stoppeur criminel. Ce film inspirera un des plus célèbres succès du groupe, « Riders On The Storm ».

Un homme de mots

Avec l'accord de Jim, Pam classe ses écrits et contribue à l'élaboration du recueil *The New Creatures*, n'hésitant pas à sabrer certaines vulgarités. Morrison semble s'accommoder de ces menues retouches et apprécie la présence d'un garde-fou qui respecte son intégrité d'écrivain. Ce n'est donc pas seulement pour des raisons sentimentales qu'il dédie le recueil à Pam *(To Pamela Susan)*, mais plutôt en toute connivence avec celle qui a partagé la matière même de l'écriture. C'est elle, d'ailleurs, qui mit assez tôt Jim en contact avec l'écrivain beat Michael McClure, Morrison semblant impressionné de rencontrer un poète qu'il admirait depuis le lycée. Michael ne découvre que par hasard les écrits de Morrison. Il est aussitôt convaincu. Les poèmes lui font une « impression formidable », et il pousse Jim à les publier. Mais, du fait de sa notoriété, Morrison vit mal le passage à la publication. Il redoute que ses poèmes soient accueillis comme une facétie, le caprice intellectuel d'une rock star, et que le public place immanquablement le masque du chanteur sur le visage du poète. Or, pour Jim, l'écriture constitue l'axe central, l'élan créatif premier : « Je suis un homme de mots. » Ainsi, pas question de placer sa photo en couverture, ni de conserver son nom de scène. L'écrivain, totalement dissocié du chanteur, se nomme James Douglas Morrison. Le rock ne représente plus pour lui qu'une façon « amusante » (mais très efficace !) de gagner sa vie, une expérience parmi d'autres. Jim opte pour l'auto-édition, une pratique qui lui permet de maîtriser totalement la conception de l'objet livre, et non, comme on l'a trop dit, pour l'édition à compte d'auteur, système où l'écrivain se fait généralement gruger par un substitut d'éditeur.

En avril 1969, Jim Morrison fait publier à cent exemplaires un ensemble de quatre-vingt-deux pensées sur le regard et le cinéma : *The Lords (Notes on Vision)*. Ces « visions rimbaldiennes » – ou « éphémérides », selon l'expression du poète André Velter – datent des années de fac. Elles sont luxueusement imprimées sur papier parchemin crème, au format 21 x 27, sous boîtier en box bleu roi, avec un signet rouge et un titre doré à la feuille. Toujours à cent exemplaires, Morrison fait séparément imprimer *New Creatures*, un ensemble de poèmes placés sous l'influence de Lovecraft, Whitman et Jérôme Bosch. Des textes tourmentés – Éros et Thanatos, sexe et mort – et parfois désespérés, dans un univers animalier. Jim se fait livrer les exemplaires au bureau des Doors. Les stockant dans un recoin, il les distribue avec la plus grande parcimonie. Michael McClure, rendant visite à Jim, le trouve en larmes, un exemplaire entre les mains, répétant comme à lui-même : « C'est bien la première fois que je ne me fais pas baiser ! » André Velter présente ainsi les premières traductions en langue française, chez Christian Bourgois : « Un être ouvert à ne plus pouvoir départager le baiser de la plaie passe en catastrophe comme un ange fracturé. La beauté le disloque dans son toboggan de solitude. Silhouette des extrêmes qui danse férocement sur la peur, qui titube dans sa forêt perdue avec des cris troués de taches solaires, il n'en reviendra pas d'avoir tué son ombre. »

Morrison décroche nettement de la musique et boit toujours plus afin d'oublier les ennuis, surtout en compagnie du fidèle Babe Hill. Il commence à forcir. Trois bouteilles de bourbon en une soirée lui sont consommation courante. « J'aime boire. Ça détend les gens et stimule la conversation. L'alcool tient du jeu : vous partez pour vous saouler toute la nuit sans savoir où et avec qui vous vous réveillerez au matin. Ça peut être agréable, ça peut aussi tourner au désastre. » Confronté à cette situation, le groupe provoque une réunion de crise. Morrison se montre conscient du problème et même conciliant, mais il apparaît aussi résigné, comme s'il s'agissait d'un choix délibéré. Ce qu'il souhaite avant tout, c'est se débarrasser du prestige de la rock star, de ce rôle imposé qui pousse à toutes les folies. Le groupe peut à nouveau se produire sur scène, mais les contrats deviennent draconiens. On exige souvent le dépôt d'une caution non récupérable en cas d'obscénités proférées ou de scandale provoqué durant les représentations. Jim Morrison devenu incontrôlable, surtout confronté à des interdits, la mission devient pratiquement impossible. Des représentants de la brigade des mœurs et de celle des stups se tiennent prêts à intervenir au moindre débordement, munis d'un mandat d'arrêt sur lequel il ne reste plus qu'à préciser la nature du délit.

En mai 1969, au festival d'Atlanta, le film *Feast Of Friends* – récit d'une tournée des Doors – obtient le prix du meilleur documentaire. Fin juin, les Doors passent une semaine épique au Mexique. Celle-ci leur permet de retrouver la scène sans pression malsaine. Un soir, Jim est raccompagné en Cadillac à son hôtel par un chauffeur aussi ivre que lui. Le bolide fonce dans la nuit, et Morrison, écroulé sur le fauteuil arrière, pointe un index contre sa tempe comme une arme, en beuglant : « Andele ! Bang... Bang... Bang... Andele ! » En avant ! Plus vite vers la mort ! En avant ! Les vieux démons ne sont jamais bien loin... Au lieu de laisser le groupe se produire comme prévu dans un stade de 50 000 places, les autorités locales s'arrangent pour qu'il se produise à quatre reprises dans un night-club, devant un public de privilégiés proches du pouvoir. La date anniversaire des émeutes étudiantes, qui se sont soldées dans le sang un an plus tôt, n'autorise guère les rassemblements électriques. Cette semaine représente surtout un répit pour les Doors et leurs intimes. Ils visitent la pyramide de Teotihuacán et toutes sortes de musées sous l'influence de Quetzalcóatl et des dieux aztèques auquel Jim le chaman se montre sensible. On s'arrête bien sûr devant le grand serpent de pierre, et le fils du président mexicain en personne sert de guide à la petite troupe.

Fin mai, à l'occasion d'un meeting de soutien à Norman Mailer, candidat aux élections municipales de New York, Jim donne une lecture de « Far Aden », accompagné à la guitare par Robby Krieger.

De cuivres et de cordes

Le quatrième album studio des Doors, *The Soft Parade* (expression par laquelle Jim représente la faune qui, de jour comme de nuit, déambule sur Sunset Boulevard), paraît en juillet 1969. Victime de son succès, le groupe se trouve à la croisée des chemins. Neuf mois lui seront cette fois nécessaires pour boucler l'enregistrement. Au grand désappointement de Morrison qui renie presque ce disque sans cohésion. Selon lui, un album doit être conçu à la façon d'un bon recueil de nouvelles, avec atmosphère générale et style fusionnel. Grâce aux formidables revenus des trois premiers albums, le label Elektra s'est fait construire des studios flambant neufs. Toutefois, les rapports avec la compagnie vont se détériorer. Au lieu de laisser le groupe enregistrer librement, Jac Holzman accorde « généreusement » une remise de... 10 % aux Doors sur les frais habituellement facturés aux clients des studios ! Ray et Jim sont ulcérés. Une rancœur intangible s'installe entre les musiciens et le label.

Moins motivé par son rôle de chanteur, attiré par le cinéma et la littérature, marqué par l'affaire de Miami, Morrison laisse Robby Krieger manifester son inspiration. Mais Jim est à ce point en désaccord avec *The Soft Parade* qu'il insiste pour que les compositions ne soient plus créditées collectivement, mais au nom de chaque auteur. Il refuse notamment d'assumer des paroles comme : « Prenez les armes et suivez-moi ! » Jusque-là brimé par l'influence écrasante de Jim, Robby s'en donne à cœur joie. L'album se retrouve soudain envahi de cordes et de cuivres additionnels, le ton devient parfois doucereux et country, s'écartant résolument du côté *live* et blues-rock des premiers enregistrements. La production de Paul Rothchild s'écarte aussi de la spontanéité initiale et se laisse aller à une sophistication de mauvais aloi. Chacun semble tirer le projet à soi. La moitié des titres sont dus à Krieger : « Tell All The People », « Touch Me », « Runnin' Blue » et « Wishful Sinful ». Les autres à Morrison : « Shaman's Blues », « Easy Ride », « Wild Child » (sur lequel Pamela écrit en partie les paroles) et « The Soft Parade ». Un seul titre est cosigné, le jazzy « Do It ». Même si l'album contient quelques fortes compositions, il est loin d'égaler les précédents. L'accueil s'avère franchement mitigé, autant de la part de la critique que de celle du public, même si *The Soft Parade* devient sans peine disque d'or (500 000 albums). Le long morceau « The Soft Parade » (8'40''), censé représenter le clou de l'affaire, ne possède pas la force des vastes compositions mythiques comme « The End » ou « When The Music's Over », et s'égare en un patchwork fragile. Le groupe, quoique dans l'impasse, parvient de nouveau à entreprendre – avec prudence – quelques concerts, notamment à Seattle et à Toronto. C'est l'occasion de côtoyer, entre autres, Led Zeppelin, Santana, Vanilla Fudge, The Byrds, Gene Vincent, Little Richard et Plastic Ono Band avec John Lennon.

Jim Morrison apprend la disparition de Brian Jones, fondateur des Rolling Stones, retrouvé noyé dans sa piscine le 3 juillet 1969, dans des circonstances encore non élucidées. Meurtre ? Overdose ? Brian est un artiste que Jim apprécie beaucoup, même si les Stones figurent parmi les principaux rivaux des Doors. Jim lui dédie le poème « Ode To L.A. White Thinking Of Brian Jones Deceased », qu'il fait distribuer sous forme de tract à l'occasion d'une série de concerts en 1969. Les 15, 16 et 17 août, le gigantesque festival de Woodstock représente le point culminant du rêve hippie, du « Peace and Love ». Sans les Doors. Jim fustige en partie l'événement et le public : « On aurait dit les innocentes victimes d'une culture plutôt qu'autre chose. »

Scandale dans un avion en direction de Phoenix, Arizona, le 11 septembre. Jim Morrison et Tom Baker se sont envolés pour assister à un concert des Stones. Morrison, toujours dans le collimateur du FBI, est arrêté sous l'inculpation d'« ivresse et désordre public » et de « perturbation d'un équipage d'avion » (essentiellement les hôtesses !). C'est désormais une menace de treize ans de prison qui plane sur Jim (trois ans et demi au pénitencier de Raiford, et dix ans dans une prison fédérale). Il faut encore payer une caution pour rester en liberté. Ce procès pour « détournement d'avion » se soldera finalement par un non-lieu, mais contribuera à miner moralement Morrison.

Le 9 novembre 1969, harcelé par le FBI, Jim doit se présenter devant le juge Murray Goodman, à la suite du concert du 2 mars. Le procès est ajourné et renvoyé à l'année suivante, le chanteur plaidant non coupable. L'affaire est bien sûr politique, mais la presse ne semble pas en mesurer l'enjeu. Jim est dégoûté : « Ces types et leur système sont pourris jusqu'à la moelle, et c'est moi qu'ils viennent accuser de corrompre la jeunesse ! » Quelque chose s'est brisé. Jim ne croit plus vraiment en son avenir musical. Son image lui échappe et masque la portée de son travail, de ses intentions. « Disons que je testais les limites de la réalité. J'étais curieux de voir ce qui allait se passer. Ce n'était rien d'autre que de la curiosité. » On attend de lui le scandale, des poses lascives et des propos engagés, mais en fait, on ne saisit plus la signification réelle de ses gestes, de ses mots ; sa « déclaration d'indépendance », selon ses propres termes.

Les hautes doses d'alcool atténuent la beauté d'Apollon. Pour Danny Fields, il est devenu « une sorte de Dorian Gray à l'envers ». Les relations avec les autres musiciens restent tendues. Selon eux, ces extravagances et ces audaces répétées mettent leur carrière en péril. Mais Morrison souffre surtout de focaliser le vedettariat. C'est lui, toujours, qui se retrouve en première ligne face aux médias et au public. « Je crois que je suis un être humain sensible et intelligent, affublé de l'âme d'un clown, ce qui m'oblige constamment à tout faire échouer au moment le plus important. » Si le groupe remporte un tel succès, c'est bien entendu grâce au charisme de Jim sur scène, à la force de ses textes, à la profondeur expressive de sa voix. Morrison est conscient des limites des trois musiciens sans lui, mais ils restent malgré tout ses compagnons d'aventure.

Très marqué par les procès en cours, Jim perd de son assurance. Les blessures de l'enfance et celles de l'adolescence ne sont pas cicatrisées. Dans son livre *The Tragic Romance Of Pamela & Jim Morrison – Angels Dance & Angels Die*, Patricia Butler rapporte les fracassantes confidences que Morrison aurait faites à son avocat Max Fink. Effondré, Jim aurait déclaré qu'il avait été victime de sévices sexuels alors qu'il était enfant, et que sa mère n'avait jamais pris au sérieux ses confidences. Les larmes aux yeux, Jim aurait également révélé à Fink que, tout jeune étudiant, il avait entretenu une relation intime « intéressée » avec le propriétaire d'un cabaret beat. Ce mentor, qui encourageait la vocation naissante de Jim, lui permit de donner ses premières lectures publiques de poésie. Interrogé par Patricia Butler, le patron du club n'aurait ni confirmé ni infirmé, se contentant de préciser qu'à l'époque « tout le monde avait envie de coucher avec Jim ». Fink, particulièrement en veine de confidences, déclara aussi à Patricia Butler que Jim et lui, en pleine ascension des Doors, avaient eu affaire à un corbeau. Un jeune homme menaçait de révéler l'existence d'une relation sexuelle passée avec Morrison. Cédant au chantage, on avait préféré lui donner de l'argent. La menace, vraie ou fausse, était trop dangereuse pour la réputation du groupe et un Morrison déjà la cible des médias. Il avait fallu une intervention musclée pour ramener le corbeau à la raison. Uniques en leur genre, ces déclarations de l'avocat Fink doivent être prises avec la plus extrême réserve.

1969 est encore une année agitée pour les États-Unis. Les troupes américaines, définitivement empêtrées au Viêt-nam, annoncent la fin de l'utopie. On pressent que l'Amérique va piteusement devoir se retirer de ce guêpier, même si elle intensifie les bombardements. Charles Manson et sa secte de frapadingues perpètrent d'horribles massacres dont est notamment victime Sharon Tate, enceinte de Roman Polanski, si troublante l'année précédente dans *Le Bal des vampires*. Jay Selring, coiffeuse de Jim, figure également sur la liste des victimes. Le festival de Woodstock a connu l'apogée du mouvement hippie, mais le rêve s'estompe, marqué de façon symptomatique par une rafale de films désenchantés comme *Easy Rider* (Dennis Hopper), *Macadam Cow-boy* (John Schlesinger), *On achève bien les chevaux* (Sydney Pollack), *La Horde sauvage* (Sam Peckinpah), *Zabriskie Point* (Michelangelo Antonioni) et *More* (Barbet Schroeder). Une révolution semble oubliée en route par une génération. L'Amérique aurait pu basculer du côté des forces positives, mais certains contestataires refusent l'idée même de pouvoir. La gueule de bois de la société américaine sera au diapason.

Le 6 décembre, le concert des Stones à Altamont enterre définitivement le rêve hippie. Un meurtre est filmé au bas de la scène. Les enfants-fleurs se heurtent autant à la froideur sans vision des Hell's Angels qu'au pouvoir ayant sérieusement resserré sa garde depuis l'élection de Richard Nixon, fin 1968. Un rêve passe, une aventure collective s'évanouit face aux forces de l'argent et au réalisme politique.

Les Doors planchent alors sur un nouvel album, intitulé *Morrison Hotel*. Jim sent les menaces du procès peser sur sa force de création, mais un retour au blues va ressourcer le groupe et lui redonner une énergie féroce. Adieu cuivres et violons, *back to the blues* et aux rythmiques plombées. Le groupe s'adjoint pour l'occasion des musiciens comme John Sebastian, Lonnie Mack et Ray Neapolitan. Cet enregistrement s'apparente à un bras d'honneur au destin et démontre une résistance artistique face aux manigances du FBI.

Hôtel du blues

Ce cinquième album studio paraît en février 1970. Il marque une sérieuse reprise en main artistique après le faux pas représenté par *The Soft Parade*. Ce franc retour aux racines blues redonne au groupe son identité perdue, son éclat initial, et séduit autant le public que la presse. L'album devient disque d'or en quelques semaines et se vend à plus d'un million d'exemplaires aux seuls États-Unis. Les Doors deviennent le premier groupe américain à enchaîner cinq disques d'or consécutivement ! Les compositions sont pour la plupart rodées en tournée, et le groupe en connaît l'impact sans faille : « Roadhouse Blues » (« Le futur est incertain et la mort toujours proche »), « Maggie M'Gill », « Queen Of The Highway » (dédié à Pamela), « You Make Me Real » (dédié à Patricia Kennealy), « Peace Frog » (où Jim fait allusion au « moment le plus important de sa vie ») et surtout l'insidieux « The Spy », inspiré du livre d'Anaïs Nin, *The Spy in the House of Love*. Ce disque est à juste raison considéré comme celui de la rédemption. Son titre est inspiré du nom réel d'une pension des bas-fonds de Los Angeles. Sur la pochette, le groupe pose en devanture, derrière la vitrine de l'établissement et son pannonceau « Rooms from $ 2,50 ». Cet hôtel sans prétention symbolise un retour à l'authentique.

Le 28 mars 1970 se tient le procès concernant l'affaire de l'avion pour Phoenix. Jim est innocenté au détriment de Tom Baker, son compagnon de beuverie ce jour-là, reconnu coupable des principales exactions.

Le grand éditeur new-yorkais Simon & Schuster, en avril, réussit à convaincre Jim Morrison de regrouper ses deux premiers recueils sous le titre *The Lords and The New Creatures*. « Rien d'autre ne peut survivre à un holocauste en dehors de la poésie et des chansons. » Jim ne réclame pas l'à-valoir mirobolant que son statut de chanteur et parolier à succès l'autoriserait à demander. Il souhaite simplement que l'éditeur Jonathan Dolger le considère comme *un écrivain*. Mais plus rien n'est simple... Jim échoue à imposer en couverture la photo de son choix. Sur celle-ci, prise en concert à Miami, il porte un chapeau arborant une tête de mort avec deux os croisés. Barbu, les yeux clos, Jim est méconnaissable. Et c'est justement ce qui lui plaît ! Mais le très strict éditeur reste inflexible face à une requête jugée trop anti-commerciale. Une autre déception de taille vient s'ajouter : l'éditeur fait finalement figurer en couverture le nom Jim Morrison en lieu et place de James Douglas Morrison. La notoriété du chanteur aura donc toujours étouffé sa véritable identité d'écrivain. Dépité, Jim en revient à l'auto-édition et publie à 500 exemplaires son recueil *An American Prayer*. À la mort de Morrison en 1971, les éditions Simon & Schuster rééditeront *The Lords and The New Creatures* dans leur collection de poche « A Touchstone Book », au prix de 1,95 dollar... Cette fois avec en couverture une photo de Jim barbu, due à Alain Ronay.

Les procès en cours accaparent Jim et ne prédisposent plus les Doors à enregistrer. Elektra entend toutefois occuper le terrain avec son groupe phare et décide de sortir en juillet le double-album *Absolutely Live*, enregistré à l'occasion de différents concerts à Boston, Detroit, Los Angeles, New York, Philadelphie et Pittsburgh. Le public se montre avide de retrouver sur disque l'ambiance des concerts, et malgré le handicap du prix, c'est un nouveau disque d'or pour le groupe ! Selon Jim Morrison et le producteur Paul Rothchild, cette parution est une relative erreur, même si les deux disques contiennent quelques inédits et permettent enfin de proposer en version intégrale le fameux « The Celebration Of The Lizard ».

Si le groupe est à ce point prisé sur scène, c'est davantage pour la prestation visuelle de Morrison que pour l'interprétation musicale. L'action imprévisible du chanteur entraîne fatalement des blancs, des ralentissements ou des accélérations intempestives de la part des musiciens. Le manque de perfection instrumentale est trop dommageable. On est en improvisation presque permanente. Seule une vidéo permettrait de redonner tout son sens à l'événement, mais à l'époque, il n'y en a pas. On remarque juste une poignée de films généralement réalisés sans grands moyens et dans de mauvaises conditions. Roth-child aurait donc privilégié un film, même s'il considère que, musi-calement, le groupe a besoin du travail perfectionné en studio. Avec Jim, il vaut mieux savoir attendre les moments magiques. Reste qu'*Absolutely Live* demeure un intéressant document sur l'ambiance des performances et sur l'adhésion profonde, la « participation » du public. Bien sûr, les enregistrements pirates des concerts des Doors sont légion, mais leur qualité est souvent redoutable !

En juillet 1970, Jim se réfugie à Paris et retrouve par hasard son ami français Alain Ronay. Il tente d'oublier ses soucis avec la justice. Ce voyage semble une sorte de repérage inconscient avant l'exil de l'été suivant... De retour à Los Angeles le 10 août, Morrison regagne aussitôt Miami pour le fameux procès : affaire n° 69-2355 de l'État de Floride, comté de Dade engagé contre James Morrison. Jim est vraiment dans le collimateur. Lors des photos d'usage, un policier lui lance : « Profite bien de tes cheveux, mon gars, on va s'occuper d'eux quand tu seras à l'ombre ! » La procédure va durer jusqu'en octobre. Une véritable pantalonnade (sans jeu de mots !) où l'on présente près de deux cents photos du concert : aucune ne révèle le sexe de Mor-rison exhibé en public ! Les avocats de Jim proposent aux jurés d'assister à la comédie musicale *Hair*, où la nudité était apparue pour la première fois intégralement sur scène. Mais l'idée est rejetée. Dès qu'une proposition de la défense est avancée, le juge Murray Good-man vocifère : « Preuve irrecevable ! » Une parodie de procès. La sentence est annoncée pour fin octobre.

Wight is not light

Durant le procès, le juge Murray autorise Jim à poursuivre son activité professionnelle, le laissant même quitter le pays pour participer au festival de Wight, au sud de l'Angleterre. Cet événement à l'ambiance de « kermesse hippie », selon l'expression du musicologue François Jouffa, figure le chant du cygne de tout un mouvement, du fol espoir d'une génération. La pureté incisive du rock dévie même vers l'opéra-rock, une incongruité. Plus jamais, depuis les années 60 et 70, il ne sera question quelque part dans le monde du regroupement de la jeunesse derrière un idéal à la fois musical et politique. Seul le cas du rap pourrait sans doute être avancé. Mais pour quel idéal ? Quelle fraternité ?

Le groupe monte sur scène à minuit et cinq minutes, le 29 août 1970. Un Jim Morrison barbu et fatigué se présente devant plus de 300 000 personnes. En plein décalage horaire, il n'a pas fermé l'œil depuis trente-six heures. Ni danse du chaman, ni provocation. Il reste statique au micro. Les problèmes techniques sont sévères. Malgré quelques passages particulièrement intenses, la voix de Jim semble parfois le lâcher. L'ambiance paraît tendue entre les musiciens. Jim reproche à Ray ses solos à rallonge, notamment sur « Light My Fire ». Chacun joue perso et le groupe a tendance à se caricaturer. Pourtant, ce festival représente les retrouvailles avec la scène. Ray s'enthousiasme : « Le public était magnifique. Quelle superbe nuit ! » Depuis le scandale de Miami, trop de concerts ont été annulés. On peut trouver l'intégralité (61'55'') du passage des Doors à ce festival sur le CD pirate *Palace Of Exile (Live At The Isle Of Wight Festival 1970)*. Le long medley de plus de 14' intitulé « The End » comprend des versions de « Across The Sea », « Away In India », « Crossroads » et « Wake Up ». L'affiche du festival est exceptionnelle, avec Jimi Hendrix, The Who, Ten Years After, Miles Davis, Donovan, Sly & The Family Stone, Leonard Cohen, The Moody Blues... Même si les Européens vivent l'événement en différé : Wight 70, c'est un peu leur Woodstock revisité. Les Doors au complet ne se produiront plus que quatre fois sur scène.

Nouveaux drames dans le monde du rock, et non des moindres : Jimi Hendrix, le magicien qui mettait le feu aux guitares et en croquait les cordes avec génie, meurt d'overdose de somnifères à Londres, le 18 septembre 1970. Il est bientôt suivi, le 4 octobre, par la « Mama cosmique », Janis Joplin ; elle aussi suite à une overdose. Jim, qui se souvient avoir fait le bœuf sur scène deux ans plus tôt avec Hendrix, mais aussi l'avoir croisé deux semaines plus tôt à Wight, ne peut y voir qu'un mauvais présage. Avec un flegme désabusé, il déclare à quelques amis : « Vous êtes en train de parler avec le numéro 3... » Jimi Hendrix, Janis Joplin et Brian Jones sont décédés à 27 ans. Tous ont décidé de vivre une vie en accéléré. Sexe, drogue et rock'n'roll. Le 3 septembre, la liste s'allonge : Alan Wilson, du groupe Canned Heat, se suicide. Jim est profondément touché en apprenant cette disparition. Il a chanté le blues sur scène avec lui à Miami, en août 1970. Yves Adrien, dans *2001, une apocalypse rock*, souligne à juste titre que dès la fin des sixties, « le rock a basculé de l'hallali stoned dans l'abattage industriel, stars et fans ».

Le 30 octobre 1970, le juge Murray Goodman condamne James Douglas Morrison à la détention au pénitencier de Raiford : « Il est donc considéré que vous, James Morrison, serez détenu sous le régime des travaux forcés au pénitencier du comté de Dade, pour une durée de six mois. » Au moment du verdict, Jim baisse le livre qu'il lisait – une biographie de Jack London – pour écouter le juge le déclarer coupable d'exhibition sexuelle sur scène, ainsi que de propos obscènes. C'est le début d'une longue déprime. Quant au groupe, il est déjà interdit de concert dans une vingtaine d'États. L'avocat Max Fink interjette appel, mais il en coûte cette fois encore la bagatelle de 50 000 dollars de caution pour que Jim reste en liberté ! Il faut dire que les Doors ont refusé le marchandage du juge qui, en échange de la levée des charges, leur proposait de se produire en concert au parc de Brandon, la recette étant reversée à la ligue anti-drogue locale. Cette fois, le groupe fait bloc et refuse de céder face à l'hypocrisie et à l'arbitraire des bien-pensants. Jim est donc en liberté sous caution, mais reste sous la menace d'un emprisonnement. Tout cela dure depuis trop longtemps et lui pourrit la vie : « Le Premier Amendement garantit en théorie la liberté d'expression. Il existe même un arrêt qui stipule que tout spectacle dramatique ou artistique est protégé par cet amendement. » L'alcool et la cocaïne vont devenir de redoutables alliés permettant d'aider Morrison à surmonter l'épreuve. Et malgré leur relation orageuse, Pamela sera elle aussi un soutien précieux.

Pour son vingt-septième et dernier anniversaire, le 8 décembre 1970, avec l'accord de Jac Holzman, Jim s'offre une session de lecture de poèmes aux studios Village Recorders de Los Angeles. Durant près de quatre heures, il s'enferme avec Kathy et Frank Lisciandro, Alain Ronay et une amie, des bouteilles de Bushmill et le technicien John Haeny. Mais surtout avec ses mots. Sa musique interne. Morrison a clairement le projet d'un album de poésie, mais celui-ci ne paraîtra que de façon posthume, avec une musique additionnelle des trois Doors survivants, sous le titre *An American Prayer*.

Sous le chiffre 13

Sentant le groupe fragilisé par les procès et les tracas de Morrison avec l'alcool, Elektra redoute d'attendre trop longtemps un nouvel album studio. Il est donc décidé de presser le fruit au maximum et de sortir en novembre un *best of* sobrement intitulé *13*, réunissant treize succès des Doors. Le groupe n'apprécie guère cette publication non prévue, qui n'a d'ailleurs pour résultat que de freiner les ventes du double album *live*.

Après Bakersfield, San Diego et Wight, les Doors se produisent à Dallas le 11 décembre pour un concert triomphal, testant en public « Riders On The Storm ». Mais le 12, à La Nouvelle-Orléans, le concert est navrant. Épuisé, Jim reste soudain figé sur scène. Ray prétend qu'il a *vu* et *senti* l'esprit de Jim s'éteindre brusquement. Toute énergie bue. Jim finit cependant le show, fracassant de rage le micro sur la scène. C'est l'ultime concert du groupe. Vu l'état physique et psychique de Jim, les musiciens décident d'arrêter les représentations. Tous sont d'accord pour concentrer leurs efforts sur l'enregistrement du dernier album dû au label Elektra. Mais Jim parle soudain du « dernier album du groupe », ce qui jette un froid. Il se reprend toutefois, précisant qu'il veut parler du « dernier album pour Elektra », qu'en tout état de cause il entend enregistrer un album de poésie. Pour rassurer définitivement les musiciens, il leur annonce qu'il songe appeler le nouvel album *L.A. Woman* ; une ode dédiée à la fois à Los Angeles-ville et à Los Angeles-femme mythique.

Une fois encore, Jim se retrouve à la croisée de trop d'intérêts divergents. Les musiciens entendent faire fructifier peinard le succès acquis, tandis que les labels Atlantic et Capitol se montrent pressants à faire signer Morrison pour une carrière solo. Quant à la MGM, elle se dit prête à mettre le paquet sur l'acteur et scénariste... Jim pousse alors assez loin un projet avec Larry Marcus. Ce dernier s'est débrouillé pour trouver de l'argent auprès de Fred Weintraub, notamment producteur du film *Woodstock*. L'idée du scénario contribuera à étayer la légende entourant la mort de Jim. Marcus et Morrison imaginent en effet un homme qui décide de tout quitter, de se retirer du monde pour rejoindre le néant absolu. Cette idée de disparition sociale imprègne Jim, excédé par sa propre icône. Il rêve de fuir le cirque du showbiz et la surreprésentation. D'abord Paris, loin des États-Unis, puis une mort déguisée afin de jouir d'un anonymat salvateur...

Une nouvelle brouille éclate entre Jim et une Pamela sous l'emprise de l'héroïne. Patricia Kennealy se fait avorter. Jim vit très mal sa frustration en tant qu'écrivain. Malgré l'accumulation d'incertitudes, Morrison est plus attaché aux Doors qu'il ne le pense. Les conséquences du procès de Miami ont provoqué chez lui un traumatisme. Les revenus de la dernière année ont surtout servi à engraisser la mécanique judiciaire. Se sentant cerné de toutes parts, il se laisse pousser la barbe et grossit sous l'effet convergent de la déprime et de l'alcool. Il fréquente assidûment ses boîtes topless favorites, le Barney's, le Palms, et bien sûr son repaire, le Phone Booth. Il boit exagérément : « Il y avait tellement de pression sur moi que je ne pouvais plus faire face. »

Ce côté aventureux des effets de l'alcool excite toujours Jim Morrison le joueur. Aller au-delà...

Jim prend toutefois conscience qu'il doit donner un autre sens à sa vie. Il pense bien sûr au cinéma et à l'écriture. Jim Aubry, qui va bientôt prendre en main la MGM, déclare : « Jim Morrison a tout pour devenir la grande star de la prochaine décennie. Il sera le James Dean des années 70. » Jim entreprend alors d'écrire un scénario avec Michael McClure d'après un roman inédit de ce dernier, *The Adept*. Jim doit tenir le rôle principal, celui d'un dealer de coke. Six semaines plus tard, un scénario plus long que le roman voit le jour. Samuel Fuller est d'abord pressenti pour le réaliser, mais la MGM se ravise en faveur du jeune Ted Flicker. Après avoir lu différents scénarios, Jim refuse les rôles parallèlement proposés par Aubry. Mais le projet d'adaptation bat soudain de l'aile, le script ayant été réduit à moins de cent pages. Morrison s'arrange alors pour trouver le temps de soutenir Timothy Leary dans sa campagne provocatrice pour le poste de gouverneur de Californie.

Fin 1970, chacun sait que les Doors sont sur le point d'enregistrer leur dernier album contractuellement dû à Elektra. Des intrigues se trament dans l'ombre. Une sarabande grotesque se joue entre maisons de disques et sociétés de production cinématographique. Le label Atlantic et Ahmet Ertegun font une cour assidue aux Doors afin de les enrôler. Le label Elektra redouble d'attentions vis-à-vis de son groupe phare et organise des fêtes somptueuses. Tout cela dans une ambiance fin de règne.

Chapitre 4

Paris. The End.

En novembre 1970, les Doors enregistrent leur sixième album studio, *L.A. Woman*, le dernier contractuellement dû au label Elektra. Les rapports se sont progressivement dégradés entre les membres du groupe, et beaucoup d'observateurs sont persuadés qu'il s'agit de l'ultime enregistrement avec Morrison. Jim est vraiment usé par les tracasseries judiciaires et leurs conséquences caricaturales pour son image. La complicité des débuts s'est muée en sourde rancœur. Ray, John et Robby reprochent à Jim de mettre leur carrière en péril. Selon eux, il hypothèque les efforts leur ayant assuré un disque d'or pour chaque enregistrement. Jim, piégé dans un rôle réducteur, ne retrouve qu'épisodiquement la flamme des débuts, cette expérimentation permanente.

Passagers de la tourmente

Musiciens et techniciens s'enferment dans la salle de répétition située au rez-de-chaussée de leurs bureaux. Le producteur Paul Rothchild se montre à la fois excédé par les tensions qui minent le groupe et par le sentiment de profonde déprime qui, selon lui, se dégage des textes. Sortant par ailleurs d'une expérience aussi éprouvante qu'enchanteresse avec la production du *Pearl* de Janis Joplin, il perd patience et contredit les choix artistiques. Il s'en prend aux compositions, trop bluesy à son goût. Rothchild connaît d'expérience les fissures qui « lézardent » la vie d'un groupe. Au bout de trois jours, il plaque tout, conseillant aux Doors de se produire eux-mêmes.

Vexés et mis en état d'urgence, les quatre vont puiser là une vigueur renouvelée. Jim, en rémission alcoolique passagère, se contente de quelques bières. Livrés à eux-mêmes, avec le concours du fidèle Bruce Botnick, les musiciens enregistrent pratiquement un titre par jour. Manzarek a décrit avec enthousiasme ce miracle collectif : « Nous formâmes un cercle magique. Un cercle d'art et d'amour et d'énergie. » Bruce Botnick affirme même que le disque a été enregistré « dans la joie ». En dix jours, il en sort leur disque le plus abouti, alors que tant de menaces s'accumulent au-dessus du projet. Deux musiciens s'y associent, Jerry Scheff, ancien bassiste du King Presley, et Marc Benno, guitariste rythmique de Leon Russell. Les morceaux sont à nouveau signés The Doors, à l'exception de l'unique reprise, le « Crawling King Snake » de John Lee Hooker – un titre que ne pouvait laisser échapper le Roi Lézard ! Botnick a apporté tout un matériel qu'il bricole à sa manière, obtenant une acoustique étonnante. Il utilise même une antique console à lampes et confectionne pour Jim une cabine dans les toilettes. Les lieux possèdent une réverbération qui enthousiasme Morrison. L'effet produit est d'une intensité et d'une profondeur surprenantes. Cette audacieuse promiscuité sera récompensée, *L.A. Woman* étant généralement considéré comme le disque de référence des Doors. Un album testamentaire.

« Riders On The Storm » clôt le disque dans une atmosphère d'orage qui maintient l'ensemble sous haute tension. L'idée du collage sonore est de Krieger. « L.A. Woman », inspiré du roman *City Of Night* de John Rechy, se veut à la fois chant d'adieu à Los Angeles personnalisée, et vibrante mélopée adressée aux femmes ayant lié leur destin à celui de Jim. Femmes et ville se confondent, chevelure en feu, collines en flammes. Jim se dissimule lui-même dans les paroles de ce morceau, derrière l'anagramme Mr. Mojo Risin. Il précise même que c'est le nom qu'il utiliserait pour appeler le bureau des Doors, au cas où il plaquerait tout pour se retirer incognito en Afrique. Le lancinant « L'America », à l'origine destiné au film *Zabriskie Point* d'Antonioni, est un appel chamanique à la pureté des valeurs ancestrales ; la verroterie contre une pleine coupe d'or. Le disque semble un appel au départ, à commencer par « The Changeling » où Morrison annonce qu'il va quitter la ville par le train de nuit et qu'on pourra le voir *changer* ; le mot *change* étant répété pas moins de sept fois en final. Quant à « The Wasp », il évoque la perte de Dieu, la nuit sans espoir, la détresse du rêve occidental et les pyramides en l'honneur de la fuite. Il ne s'agit bien sûr pas de fuite en Égypte, mais précisément du futur exil parisien. Enfin, dans « Hyacinth House », Morrison semble ébloui par le flash prémonitoire de sa propre mort, lorsqu'il évoque la salle de bains mortuaire : « I see the bathroom is clear / I think that somebody's near / I'm sure that someone is following me. »

Le cocktail drogue-alcool a fini par épaissir la silhouette de Jim. Il a très largement dépassé les quatre-vingts kilos et s'est légèrement voûté. Sur la pochette de *L.A. Woman*, il apparaît barbu et bouffi, ratatiné dans un coin. On pourrait croire à un photomontage. Morrison semble déjà ailleurs. Blasé par la gloire et le succès, et surtout par leurs effets pervers. La notion de fête permanente s'est évanouie. Désormais, Jim va plutôt jouer avec sa propre vie, en toute conscience : « Je crois que personne n'a la force de supporter éternellement ce genre de choses. Il faut comprendre que l'alcool, l'héroïne et les hypnotiques tuent les pensées. Ce sont des tueurs de douleurs. Voilà pourquoi les gens y ont recours. Dans mon cas, c'est l'alcool. » Krieger prétend que Jim souffrait depuis l'enfance de rhumatismes articulaires et que cela suffirait à expliquer son « comportement suicidaire ». Le guitariste surprend encore en affirmant à Yves Bigot en 1991 pour M6 : « Souvent le cœur de ceux qui souffrent de cette affection lâche avant 30 ans. Si Jim le savait, à quoi bon... » Morrison s'est mis à fumer trois paquets de Marlboro par jour, ce qui le fait tousser, et même parfois cracher du sang.

Les rapports entre Jim, Diane Gardiner, Patricia Kennealy et Pamela tournent au vaudeville début 1971. Jim apparaît en pleine confusion sentimentale, avant de renouer une vie de couple avec Pamela en janvier et février.

Le groupe en apparence ressoudé, Jim lâche soudain quatre mots aux effets bientôt funestes : « Je pars pour Paris... » Gros malaise dans la pièce : « Je m'envole pour Paris dans deux jours. Pam est déjà là-bas, elle cherche un petit appartement... Je vais la rejoindre. » A priori, il ne s'agit que d'une simple escapade, même si Jim affirme ne pas connaître la durée du séjour. Chacun ressent pourtant comme un mauvais présage. Il est question de partir pour plusieurs mois... Or le groupe se retrouve libre de tout engagement, à la croisée des chemins. Chacun doit faire un bilan, prendre du recul. Les musiciens espèrent que cet intermède permettra au moins à Jim de s'éloigner du spectre de la bouteille... Le groupe a autant souffert que Pamela de ces « amis » de la chopine qui, selon eux, abusent de la générosité de Jim. Adieu Wild Turkey ? Aucun des Doors ne reverra Morrison...

Parallèlement, l'héroïnomanie de Pamela devient alarmante. Sa boutique de Los Angeles souffre à l'évidence de sa vie de bohème et d'une certaine inconscience économique. Elle n'hésitait pas à effectuer des voyages éclair à Paris afin d'acheter de la marchandise. Si le couple finit toujours par se retrouver, leur libertinage les entraîne souvent dans des aventures foireuses et parfois violentes. Ainsi Pam s'est-elle entichée d'un aristocrate français, lui aussi sérieusement accro à l'héro, le comte Jean de Breteuil. La noblesse européenne semble fasciner Pamela, qui trouve ce trip super kitsch. Le comte considère d'ailleurs lui-même la noblesse contemporaine comme le dernier carré des dinosaures avant leur extinction. Jim, quant à lui, a toujours été attiré par la culture européenne, et singulièrement les écrivains français. Les procès, les méfaits de la starisation, la déchéance physique, les liens distendus avec les musiciens, tout concourt à l'attirer hors d'Amérique. Il lui faut un refuge, un point de repli stratégique. Paris semble le lieu idéal.

Une lente capitulation

Pamela s'envole la première pour Paris, le 14 février, tandis que Jim s'offre quelques derniers délires avec ses amis Tom Baker, Babe Hill et Frank Lisciandro ; les « parasites sycophantes », selon l'expression de John et Robby. Les joyeux drilles jouent au billard, assistent au combat Muhammad Ali contre Joe Frazier, partent même en croisière dans les Caraïbes, à Catalina – voir les étonnantes photos de pêche au gros publiées dans *Un festin entre amis*, l'ouvrage incontournable de Frank Lisciandro. Ils ne se reverront plus jamais, aussi un vague pressentiment nimbe-t-il les dernières rencontres. Babe Hill affirme même que Jim et lui ne se sont pas saoulés à cette époque-là : « On aurait dit qu'il cherchait à rompre avec tout, et qu'il voulait boucler la boucle en toute sobriété. Il s'en tenait de plus en plus à sa poésie, à ses publications, il voulait surtout foutre le camp et laisser derrière lui tout ce qu'il connaissait ici. Mais en même temps, quand l'alcool te tient, tu peux pas t'en sortir comme ça. » Jusque-là, Jim avait titillé son éthylisme avec un relatif sang-froid : « Se saouler... On contrôle tout, jusqu'à un certain point. C'est un choix, chaque fois qu'on décide de boire. Il faut faire des tas de choix minuscules. C'est comme... il me semble, la différence entre le suicide et la capitulation lente. » Patricia Kennealy, moins optimiste que Babe Hill, s'installe une semaine avec Jim. Elle *tente de le sauver*, mais en vain : « C'était comme se dresser devant un train lancé à toute allure, on ne pouvait plus rien faire. Ce fut inévitable, selon la trame d'une tragédie grecque... On ne peut pas sauver quelqu'un malgré lui, et Jim ne le voulait pas. »

Le 11 mars 1971, Jim retrouve Pamela à Paris. Le couple réside d'abord à l'hôtel George-V, proche des Champs-Élysées, avant de souslouer un appartement à une amie mannequin, Élisabeth Larivière, au troisième étage du 17, rue Beautreillis, près de la place de la Bastille. Une rue où vécut Charles Baudelaire. Jim occupe ses journées à déambuler dans Paris, à visiter autant les bars que le Louvre, l'hôtel de Lauzun cher au club des hachichins (selon l'orthographe baudelairienne) de Théophile Gautier. Il fréquente les cinémas et traque les lieux jadis hantés par les écrivains qu'il admire. Il affectionne les promenades au Quartier latin et sur l'île Saint-Louis, fréquente la librairie Shakespeare & Co, proche de Notre-Dame, et s'entiche de la place des Vosges. Transformé physiquement (il a pris une vingtaine de kilos en quatre ans), il apprécie de passer quasi incognito, même dans des cafés comme le Flore, qu'il fréquente assidûment l'après-midi avec des proches comme Zouzou, cover-girl et actrice de Rohmer, ancienne amie de Brian Jones. « Derrière sa gentillesse, déclare Zouzou, on sentait un être malheureux, écorché vif et très pessimiste », précisant même : « Il ne donnait pas l'impression de quelqu'un qui souhaitait vivre très longtemps. La seule chose qui comptait vraiment, c'était ses poèmes. » Quand il doit se présenter, Jim se dit écrivain et non rock star.

Les semaines de silence se sont accumulées entre les Doors et Morrison. C'est Densmore qui craque le premier et téléphone à Paris. Jim se montre affable, heureux de l'accueil réservé dès sa parution aux États-Unis à *L.A. Woman*. Il semble même excité à l'idée de tester sur scène ces nouvelles compositions, et va jusqu'à évoquer d'autres titres qu'il a en tête. Mais il prétend aussi qu'il *s'amuse* tellement à Paris qu'il n'envisage pas encore son retour. Le relatif anonymat européen agit un temps comme un bain de jouvence ; mais soudain, Paris ne semble plus suffire. Pam et Jim louent une voiture et une caméra super-8, le 9 avril, direction Toulouse et le Sud-Ouest. Ils traversent l'Espagne et visitent le musée du Prado, notamment pour contempler le *Jardin des délices* de Jérôme Bosch. Ils visitent l'Alhambra de Grenade et passent ensuite à Tanger, direction Casablanca, Fez et Marrakech. De retour à Paris début mai, Jim et Pamela doivent laisser pour quelques jours l'appartement de la rue Beautreillis à Élisabeth Larivière. Ils s'installent à l'hôtel Guy-Louis de Boucheron, déjà un quatre étoiles à l'époque, aujourd'hui simplement dénommé L'Hôtel, au 13 de la rue des Beaux-Arts. Jim et Pamela louent la chambre n° 16, celle-là même où mourut Oscar Wilde en 1900, à l'enseigne de l'hôtel d'Alsace. Un soir, fin saoul, Jim tente un de ses fameux numéros de funambule en façade de l'immeuble et tombe du deuxième étage sur le toit d'une voiture en stationnement. Sans dommage ! Le couple regagnera fin mai la rue Beautreillis.

L'exil parisien de Jim ne l'éloigne pas de l'alcool. Loin s'en faut. Les bistrots de Paname pullulent, et leur exotisme le charme au-delà de toute mesure. Un sentiment de solitude l'envahit. Certes, il ne subit plus la pression des médias ni celle de la justice, mais cet isolement loin de ses amis le désarçonne. D'autant que ses désirs d'écriture ne sont pas comblés. De nombreux projets ont échoué avec Michael McClure, John Haeny ou Fred Myrow. Le succès de *L.A. Woman* le laisse songeur. Faut-il vraiment abandonner la musique, le groupe, la possibilité de donner un élan puissant à ses mots par la magie des disques et des concerts ? Il a beau s'adjoindre les services d'une secrétaire bilingue, la Canadienne Robin Wertle, s'astreindre à des horaires réservés à l'écriture, le résultat n'est guère probant. Il se sent démuni après ces années d'excès. L'apparente quiétude conquise finit rapidement par l'angoisser. Quitter le rôle de chanteur au sein du groupe phare aux États-Unis ne lui semble plus aussi facile. L'écrivain n'est pas exactement au rendez-vous, et ce constat le ronge. Les dérives nocturnes tournent parfois au cauchemar et à l'abattement. François Jouffa relève Jim Morrison dans les escaliers du Rock & Roll Circus et le confie à un taxi, direction rue Beautreillis.

Une autre nuit, le 7 mai, un habitué des lieux, Gilles Yepremian, reconnaît Jim ivre à l'entrée du même club. Il le prend en charge et le dépose bruyamment à 4 heures place Tristan-Bernard, dans le 17e arrondissement, au cinquième étage, chez un ami journaliste au magazine *Best*, Hervé Muller. Celui-ci et Yvonne Fuka, interloqués, observent Jim s'affaler inerte en travers de leur lit. Ils se feront rapidement expulser de leur appartement en raison des frasques de Jim. Un début d'amitié lie cependant les deux hommes. Consacrant plus tard deux livres aux Doors et à Morrison, Hervé Muller traduira également *An American Prayer* pour Christian Bourgois. Jim lui confie que 27 ans est un âge exagéré pour un chanteur de rock, que cela n'a plus de sens pour lui, et que les trois autres Doors devraient continuer sans lui. Il entend se consacrer à l'écriture et au cinéma. Il dit aussi vouloir s'installer en France et acheter avec Pam une maison ou une église désaffectée pour s'isoler dans le Sud. Une région idéale pour calmer l'asthme dont souffre Jim depuis l'enfance. Muller et Morrison se verront pour la dernière fois à la mi-juin, en compagnie d'Alain Ronay, lors d'une représentation de la pièce de Bob Wilson, *Le Regard du sourd*. Lorsque Hervé téléphonera rue Beautreillis le 3 juillet vers midi, Alain Ronay prétendra que Pam et Jim sont partis pour le weekend. En fait, Jim est déjà mort...

Attirés par la Corse après avoir bu du rosé de l'île de Beauté chez Yvonne Fuka et Hervé Muller, Pam et Jim y séjournent une dizaine de jours fin mai pour se requinquer. Pam cherche à résister à l'héroïne, et Jim à l'alcool. Le résultat du voyage s'avère toutefois décevant, d'autant qu'il a étonnamment plu durant tout le séjour. Jim se remet aussitôt à boire et déprime. La magie se fait attendre. Il renoue avec le couple de cinéastes Agnès Varda et Jacques Demy. Dès 1968, Demy avait songé à lui pour *Model Shop*, dont l'action se situe à Venice, en Californie. Il avait même pensé confier la musique du film aux Doors. Quant à Varda, qui a beaucoup et bien filmé la Californie, elle avait aussi tenté d'engager Morrison pour *Lion's Love*, en 1969. Si la musique des Doors peut sembler aux antipodes de celle des *Parapluies de Cherbourg*, le film de Demy, il n'est guère étonnant que l'univers d'Agnès Varda, son cinéma de rupture, hors studios, ait séduit Morrison. Un cinéma qui a su capter en son temps une nouvelle faune underground américaine. Lors de son précédent voyage à Paris durant l'été 70, Jim, accompagné d'Alain Ronay et en présence de François Truffaut, a assisté au tournage du *Peau d'âne* de Demy au château de Chambord, dans une ambiance de conte de fées. Seuls Delphine Seyrig et son fils l'ont semble-t-il reconnu, tant son aspect physique s'était déjà éloigné de l'icône. Agnès Varda, qui a filmé Morrison sur place, se souvient d'un Jim « discret, secret et souvent pensif », avec « un regard compact » et un air en apparence « inabordable ».

Le 16 juin, nostalgique, Jim enregistre une session de 14' avec deux musiciens de rue. Le groupe de circonstance, ivre à l'évidence, se nomme Jomo And The Smoothies. La prise figure sur le très coté CD pirate *Jim Morrison, The Lost Paris Tapes*. Il s'agit du tout dernier enregistrement de Morrison, et de l'unique effectué à Paris.

Jim, Pam et Alain Ronay font une excursion le 28 juin du côté de Chantilly-sur-Oise, à Saint-Leu-d'Esserent. Ronay prend des photos du couple près de l'hôtel de l'Oise. Il prendra aussi, le 2 juillet, dans une rue parisienne, la dernière photo connue de Jim Morrison.

Jim écrit le 1ᵉʳ juillet à Bob Greene, comptable des Doors. Il lui dit que Paris est « une ville captivante, bâtie à l'échelle humaine », où il souhaite rester « pour une durée indéterminée ». Il réclame un bilan financier et confirme que lui et Pam ont décidé de céder la boutique Themis de Los Angeles. Il parle de leur chien Sage et réclame une nouvelle carte de crédit. Il le charge de saluer tout le monde de sa part. D'autres lettres adressées à Patricia Kennealy le montrent cependant moins porteur de projets et conscient, voire désireux, de sa disparition prochaine. Son corps est usé. Ses amis dispersés.

Le 2 juillet, Alan et Jim se baladent le long des rues étroites dont ils raffolent. Soudain, place de la Bastille, Jim est atteint d'une sévère crise de hoquet. Ronay précise qu'à un moment « le visage de Jim avait pris l'apparence d'un masque mortuaire ». Jim ouvre les yeux, et la transformation disparaît aussitôt. Mais Morrison a remarqué l'inquiétude de Ronay et lui demande nerveusement ce qu'il a vu. Son ami, incapable de lui avouer avoir vu la mort, lui ment : « Rien, Jim, rien. » Ronay le quitte vers 18 heures, non sans une sourde appréhension. En fin de journée, bien que souffrant de troubles respiratoires, Jim décide avec Pamela d'aller voir le film de Raoul Walsh, *La Vallée de la peur*, à l'Action-Lafayette, proche de la station de métro Le Pelletier. Pam commettra un sinistre lapsus en déclarant plus tard à la police que, ce soir-là, Jim et elle ont assisté à la projection de... *La Vallée de la mort*. Quoi qu'il en soit, le retour de la « vallée » va sérieusement contribuer à établir le mythe Morrison, étant donné l'étonnante contradiction des dépositions.

Selon une première version, troublante compte tenu de la multiplicité des témoignages, Pam regagne l'appartement aussitôt après la projection, tandis que Jim part en quête d'héroïne à son intention. « A man's job. » Hervé Muller a effectué une enquête à ce sujet dans son livre *Jim Morrison mort ou vif*, tout comme Albert Goldman pour le magazine *Penthouse*, en avril 1991. Morrison pense s'approvisionner du côté du Rock & Roll Circus, par la suite ironiquement rebaptisé le Whisky A Go-Go (sans *e*) ! Le club est dirigé par Sam Bernett, alors animateur à RTL, anciennement Radio-Luxembourg. Celui-ci affirme avoir vu Jim dans la boîte, vers 1 heure du matin, « accompagné d'une jeune femme et d'un homme plutôt baraqué ». Constitué d'une enfilade de caves au niveau du 57, rue de Seine, le club diffuse une musique blues-rock anglo-saxonne (Family, Eric Clapton...) et du pop-jazz français. Les musiciens y font volontiers le bœuf sur scène. Certains y ont même vu le légendaire Gene Vincent (« Be-Bop-A-Lula »), lui aussi disparu en 1971, accompagné par l'accordéoniste Aimable ! Le Rock & Roll Circus communique par une porte des cuisines au célèbre Alcazar, situé au 62, rue Mazarine. Les deux clubs appartiennent alors au même propriétaire, Paul Passini. Le Circus est fréquenté par des artistes de renom, tels Robert Plant, Richie Havens ou Johnny Winter, mais aussi Johnny Hallyday ou Michel Polnareff. Un des principaux dealers du quartier, le Chinois, officie notamment place de Buci, à cinquante mètres à peine du Rock & Roll Circus. Il fait venir son héroïne de Hong-Kong via Marseille ; une héroïne très pure et aux effets ravageurs. Jim en aurait acheté pour 200 dollars à un dénommé Petit Robert. Ce dernier l'aurait mis en garde contre la puissance exceptionnelle du produit. Plutôt éméché, Jim aurait cependant goûté sur place l'héroïne, lui qui s'était toujours refusé à y toucher. Le cocktail alcool-héro l'aurait plongé dans un profond état comateux. Afin d'éviter de nouveaux problèmes avec la police, « on » (des amis de Pam ; certains ont évoqué le comte Jean de Breteuil et Marianne

Faithfull...) aurait évacué Jim côté Alcazar et « on » l'aurait emporté dans un taxi direction rue Beautreillis, vers les 3 heures. Tout le mystère de la mort de Morrison repose sur cette incertitude : le transfert de son corps entre le club et la rue Beautreillis. Une fois rentré, « on » aurait fait prendre un bain d'eau froide à Morrison, technique de réanimation hasardeusement prônée par certains en cas d'overdose, afin d'éviter que la victime s'endorme. Et Jim serait mort d'un arrêt cardiaque, dans sa baignoire, dans l'eau purificatrice. À l'âge de vingt-sept ans et six mois...

Une seconde version est connue, essentiellement due à Pamela, à la fois sous le choc de la disparition de l'homme de sa vie et sous la dépendance à l'héroïne. Sortant du cinéma en ce soir du 2 juillet, Jim et Pam seraient rentrés rue Beautreillis vers 1 heure du matin et auraient sniffé ensemble de l'héroïne. Jim aurait regardé des films de vacances avec Pamela, et même écouté des disques des Doors (dont « The End » !) jusqu'à 2 h 30. Puis il aurait rejoint Pamela au lit, déjà endormie. Les témoignages divergent, dépendant essentiellement des propos de Pamela tenus à la police et à trois personnes : Alain Ronay, Diane Gardiner et Danny Sugerman, lui-même entre-temps devenu héroïnomane. Jim s'était maintes fois prononcé devant témoins contre les dangers excessifs de l'héroïne. Or Pamela aurait révélé à Alain que Jim, extrêmement dépressif, s'était mis depuis deux jours à en prendre avec elle.

Les déclarations de Pamela à la police prêtent à caution. Elle craint d'être inquiétée pour possession et usage de drogue. Pamela prétend avoir été réveillée vers 3 h 30 par la respiration anormalement bruyante et suffocante de Jim. Toujours souffrant d'asthme, il aurait récemment vu deux docteurs parisiens et un autre lors d'un voyage éclair à Londres. Pamela ne serait que difficilement parvenue à le réveiller. Morrison aurait refusé qu'elle fasse appel à un médecin de nuit. Pourtant très fatiguée, elle aurait aidé Jim (qui pesait alors près de cent kilos) à se rendre dans la salle d'eau pour prendre un bain. Jim l'aurait appelée de la baignoire, se plaignant de nausées et voulant vomir. Il aurait ainsi rendu l'équivalent de trois récipients, avec des caillots de sang la troisième fois. Puis Jim aurait prétendu aller un peu mieux, disant à Pamela, fourbue, de retourner se coucher. Se réveillant un peu plus tard, elle aurait commencé à paniquer en le trouvant inanimé dans la baignoire, et aurait tenté en vain de le secourir.

Parlant très mal le français, Pamela préfère joindre Alain Ronay chez Agnès Varda, vers les 8 heures du matin : « Jim est inconscient et il saigne. Appelez une ambulance ! Vite ! Je crois qu'il est en train de mourir ! » Agnès alerte aussitôt les secours, puis se précipite rue

Beautreillis avec Alain. Agnès Varda affirme qu'à son arrivée, le samedi 3 juillet 1971, elle a bien vu « l'impressionnante image, le tableau de Jim mort dans son bain, entouré des pompiers », arrivés sur les lieux à 9 h 24. Le voisin du dessous, M. Chastagnol, aurait également vu le corps avant d'être renvoyé chez lui. Le rapport du lieutenant des sapeurs-pompiers, Alain Raisson, stipule que lui et ses hommes ont découvert dans la baignoire « un homme entièrement nu et de forte corpulence. La tête se trouvait hors de l'eau, reposant sur la paillasse droite rejetée en arrière. La baignoire était pleine d'eau légèrement teintée rosée, le bras droit reposait sur le rebord ». Une précision importante figure au rapport de police : l'eau et le corps étaient encore tièdes – et donc la mort pas si lointaine. Jim semblait sourire. Les pompiers allongent le corps sur le sol et tentent vainement une réanimation cardio-pulmonaire. Selon eux, ils sont au moins arrivés une heure trop tard. Une fois le décès constaté, les pompiers placent le corps sur le lit. L'inspecteur de police Jacques Manchez arrive vers 9 h 45, puis le « médecin des corps » rattaché au commissariat.

Pamela, vêtue d'une djellaba blanche rapportée du voyage en Afrique du Nord, s'isole un moment avec Agnès Varda. Alain Ronay déclare le décès sous le nom de Douglas James Morrison, soucieux de ne pas mettre en avant la notoriété du défunt. Celle-ci aurait entraîné une plus soigneuse enquête, et sans doute une autopsie ! Ronay inverse les deux prénoms afin de « brouiller les pistes ». À la ligne profession, il précise « poète », ce qui interloque le policier : « Comment pouvait-il être poète ? Il était si jeune ! » Ronay rétorque : « Allons, Victor Hugo n'est pas né avec une barbe blanche, et Rimbaud n'en portait pas non plus quand il est mort ! » L'inspecteur s'étonne encore qu'un poète puisse habiter un si bel appartement dans un quartier chic, mais Ronay objecte que Jim jouissait d'une fortune personnelle, sans préciser davantage. Le médecin examine très vite le corps et écoute distraitement les précisions d'Alain Ronay. Il ne constate aucune trace de violence, aucune blessure ni piqûre, et note que les lieux sont en ordre. L'inspecteur interrompt Ronay et lui remet une enveloppe, lui demandant de l'apporter au commissariat de l'Arsenal pour la délivrance du certificat de décès.

Entre-temps, le téléphone a sonné. Le comte, en compagnie de Marianne Faithfull, vient aux nouvelles. En 1989, à l'occasion d'une émission radio sur PBS à Los Angeles, le reporter Roger Steffens affirme à John Densmore connaître le nom des personnes ayant découvert le corps de Morrison : Marianne Faithfull (qui nie fermement toute collusion dans cette affaire) et le comte Jean de Breteuil (qu'il a jadis fréquenté à Marrakech). Dans ce cas de figure, deux scénarios sont envisageables : soit Pam les appelle au secours dans la nuit (si Jim et elle sont directement rentrés du cinéma) ; soit Marianne et le comte reviennent du Circus avec le corps de Jim et, constatant sa mort, repartent aussitôt. Ni l'un ni l'autre ne souhaitent être mêlés à un fait divers à scandale, d'autant que Marianne Faithfull sort juste d'une scabreuse affaire de drogue avec Mick Jagger. Steffens aurait reçu ces informations à Marrakech, où Marianne et le comte le retrouvent deux jours après la mort de Jim Morrison, extrêmement bouleversés.

Cameron Watson, disc-jokey de la boîte La Bulle, rue de la Montagne-Sainte-Geneviève, informé par deux jeunes habitués des lieux, vers 5 heures du matin, annonce le décès de Jim Morrison au micro, au petit matin... Ce qui tendrait à prouver (élément capital !) que la nouvelle de la mort de Jim était déjà connue de certains... *avant* même l'arrivée des pompiers et de la police rue Beautreillis. Jean-Bernard Hebey, animateur-directeur de La Bulle, diffusera le premier l'info sur RTL. Quant au comte, il mourra quelques années plus tard d'overdose, à Tanger.

Pamela a donné une version des faits à Alain Ronay et à Agnès Varda, mais ceux-ci ont longtemps refusé d'en parler, sinon lors d'entretiens accordés en avril 1991 à *Paris-Match* et à *L'Événement du Jeudi*... soit vingt ans après la disparition de Jim Morrison ! Ce long silence a sans doute contribué à entretenir le soupçon sur les événements. Se serait-il donc produit quelque chose, cette nuit-là, qui mérite le secret ?

En début d'après-midi, le 3 juillet, jour même de la sortie du 45 tours « Riders On The Storm » aux États-Unis, Pamela et Alain se rendent au commissariat du IVe arrondissement pour leur déposition. Le certificat de décès est signé à 14 h 30. Un médecin légiste, le Dr Max Vassille, vient vers 18 heures et déclare que le dénommé James Douglas Morrison est bien décédé de mort naturelle. Il ne constate ni meurtre ni suicide. Selon lui, le décès est dû à des troubles coronariens, peut-être aggravés par l'abus de boissons alcoolisées. Il s'agit d'un arrêt cardiaque consécutif à une congestion pulmonaire ; le bain chaud aurait contribué à provoquer un infarctus du myocarde. En conséquence, le permis d'inhumer est délivré et l'affaire classée (certificat de décès nº 48611). L'heure du décès reste floue (entre 5 heures et 8 h 30). Il n'est apparu nécessaire à quiconque de demander une autopsie. Pamela est autorisée à entreprendre les démarches pour l'enterrement.

Les théories les plus farfelues circulent aussitôt. Jim ne serait pas enterré au Père-Lachaise. Il aurait monté un stratagème afin de disparaître incognito en Afrique... Il faut dire que Morrison a évoqué à plusieurs reprises le fait de disparaître, tel Rimbaud, pour entreprendre une nouvelle vie. Il l'a notamment fait lors de la rédaction du scénario écrit avec Larry Marcus. Pour d'autres, il est bien mort et enterré, mais aurait été assassiné, victime d'une machination du FBI et de la CIA, ou même de la mafia. Agnès Varda, pour sa part, a jadis effectué des recherches sur un personnage des années 20 qui aurait maquillé sa propre mort pour réapparaître ensuite aux Marquises... Mais qu'importe ! Jim Morrison n'a plus jamais donné le moindre texte.

Alain Ronay, choqué par le barouf ayant entouré les disparitions de Janis Joplin et de Jimi Hendrix, se met d'accord avec Pamela Courson et Agnès Varda pour que l'enterrement ait lieu dans la plus grande discrétion. Si Robin Wertle se joint à eux, on cache soigneusement l'événement. Mais la rumeur circule. La presse anglaise est la plus prompte à réagir. Clive Selwood, responsable londonien du label Elektra, a la judicieuse idée d'appeler Bill Siddons à Los Angeles. Celui-ci pense tout d'abord à une blague. Cette rumeur n'est pas la première à annoncer la mort de Jim. Mais comme Selwood se montre pressant, Bill finit par téléphoner à Paris. Pamela tente vainement de lui dissimuler la vérité. Bill, après discussion avec Manzarek, s'envole seul pour Paris. Il arrive le 6 juillet pour vérifier les faits et soutenir Pam. Aucun des trois Doors n'a le réflexe de sauter dans un avion. Selon Manzarek : « En cette sombre époque, tout le monde était mort... D'une manière ou d'une autre. Janis était morte. Jimi Hendrix était mort. [...] Et je décidai de ne pas prendre cette nouvelle histoire au sérieux. [...] Je n'allais certainement pas m'envoler pour Paris à seule fin de vérifier une stupide rumeur. » Celle-ci semblait en effet le disputer à la paranoïa ambiante. Le rêve des années 60 était bien mort, comme ces soldats au Viêt-nam, comme ces politiciens assassinés.

Alain Ronay aide Pam, le 6 juillet, à acquérir un emplacement au cimetière du Père-Lachaise, lieu où Jim, lors d'une promenade parmi les tombes de Frédéric Chopin, Oscar Wilde et Gertrude Stein, avait confié vouloir être enterré. On leur propose une place proche de la tombe d'Oscar Wilde, mais cette coïncidence troublante les pousse à choisir un emplacement isolé, entre deux inconnus. Pamela se rend à l'ambassade américaine le mercredi, afin d'y faire enregistrer le certificat de décès. Là aussi, elle déclare comme identité du défunt : James Douglas Morrison, poète.

> *Arrivés nus*
> *meurtris nous repartons*
> *pâte nue offerte*
> *aux vers mous et lents*
> *du dessous*
>
> (Extrait du poème « Paris Journal »)

L'enterrement a donc lieu à la sauvette, au cimetière du Père-Lachaise, le mercredi 7 juillet, vers 9 heures du matin. Ils ne sont que cinq autour de la fosse de la 6e division, rangée 2, allée 5 : Pamela Courson, Alain Ronay, Agnès Varda, Bill Siddons et Robin Wertle. Ils seront bientôt des milliers à se rendre sur ce qui est rapidement devenu un lieu culte, mais aussi une simple curiosité pour touristes. Sans doute la tombe la plus visitée de France.

De retour en Californie le 13 juillet, Pamela s'installe dans le cottage de Diane Gardiner à Sausalito. Elle a rapporté les carnets inédits de Jim, rangés dans une boîte métallique référencée « 127 Fascination ». Pam reste non seulement bouleversée par la mort de Jim, mais traumatisée, brisée. Elle se met à parler seule, culpabilise. Puis elle regagne Los Angeles, où elle aurait eu une liaison avec Danny Sugerman, tous deux sérieusement accros à l'héroïne. Sugerman a prétendu que Pamela, parfois, assise près du téléphone, attendait un coup de fil de Jim...

Les bureaux d'Elektra sont assaillis de lettres et d'appels de fans désespérés. Plusieurs se suicident. Quant aux musiciens, au lieu de saborder le groupe, ils prennent l'étrange décision d'enregistrer un nouvel album. Les orphelins refusent d'accepter la fin de l'aventure. Sans doute ont-ils l'impression de vivre un mauvais rêve, d'avoir un cauchemar à exorciser. Ils songent à modifier le nom du groupe en And The Doors. En octobre 1971, à la stupéfaction de beaucoup, paraît l'album maladroitement intitulé *Other Voices*. Celui-ci, malgré un intérêt relatif, atteint la 31e place au *Cashbox*. Il est suivi d'un ultime enregistrement du trio, en septembre 1972, *Full Circle*. D'un intérêt encore plus relatif quand on songe que Joe Dassin adapte en français le titre « The Mosquito » ! Le disque parvient tout de même à la 68e place. On organise même une tournée, dont un concert parisien à l'Olympia, le 1er mai 1972, où les trois « orphelins » déçoivent en ne faisant aucune allusion à Jim, pourtant enterré depuis peu dans cette ville. Un tout dernier concert a lieu le 10 septembre, au Hollywood Bowl (comment purent-ils y retourner sans Jim ?), avec à l'affiche Tim Buckley et Frank Zappa & The Mothers of Invention. Le trio, désemparé, songe enrôler un nouveau chanteur qui aurait pu être Iggy Pop. Mais qui pouvait accepter de s'aventurer sur les brisées de Jim Morrison ? Le trio doit donc se résoudre à saborder le groupe, en avril 1973. Robbie et John continuent un temps au sein du Butts Band, enregistrant deux albums en 1974 et 1975, sans écho particulier. Puis chacun entreprend une carrière solo, sans grande conviction. Ray enregistre en 1983 une déroutante version des *Carmina Burana* de Carl Orff, produite par Phil Glass. Iggy Pop finit par remplacer pour un soir Jim Morrison sur scène, le 3 juillet 1975, à l'occasion d'une commémoration anniversaire, au Whiskey A Go-Go. Une soirée baptisée... « Jim Morrison Disappearance Party ».

Pam s'engage dans une lutte sans merci pour se faire reconnaître comme héritière de Jim Morrison. Celui-ci, dès 1969, avait confié à l'avocat Max Fink (disparu en 1990) un testament de deux pages en faveur de Pamela. Les trois Doors survivants entrent aussitôt en action, et le dossier est bloqué en justice deux années durant. La situation devient extrêmement compliquée. De faramineuses sommes d'argent sont en jeu. On trouve finalement un arrangement, Fink n'oubliant pas au passage de s'attribuer 50 000 dollars d'honoraires concernant les procès de Phoenix et de Miami. Mais une fois tout le monde d'accord sur la répartition... Pamela meurt d'une overdose d'héroïne, à Hollywood, le 25 avril 1975, à 27 ans, soit au même âge que Jim. Elle ne lui aura survécu que deux ans et demi, épuisée par les procès, sombrant dans la soumission à la drogue, profitant à peine des millions de dollars qui devaient lui revenir. Mais surtout, elle est restée inconsolable, comme le souligne Diane Gardiner : « Je n'ai jamais vu quelqu'un se sentir à ce point coupable. Elle avait tenté de consacrer sa vie à une unique personne. Un point c'est tout. Il représentait sa vie. Toute sa vie. » Le vœu de Pamela de rejoindre Jim à Paris n'a jamais été exaucé. Ses cendres sont déposées au Fairhaven Memorial Park, à Santa Ana, en Californie.

À la disparition de Pamela, ses parents deviennent exécuteurs testamentaires de la part de Jim Morrison. Et c'est alors que se produit l'impensable... Les parents de l'auteur de « The End », les parents gommés de son CV par leur enfant, les parents tués symboliquement par leur propre fils, entrent en action... juridique ! L'amiral et sa femme demandent à récupérer l'héritage du fils rebelle. Quelle aurait été la réaction de Jim s'il avait pu assister à cet affligeant spectacle ? Le père militaire, le père honni, le représentant de l'ordre et de la morale encaissant les droits d'auteur sur des textes engagés contre l'autorité et les valeurs de la société bien-pensante ! Et depuis 1979, après cinq années de lutte acharnée, les familles Morrison et Courson se partagent l'héritage (25 % des revenus des Doors) ! Soit une somme colossale se calculant en millions de dollars. Une clause prévoit toutefois que les produits des écrits et des films de Jim Morrison reviennent à la famille Courson, chargée de les gérer et protéger à sa convenance. Les poèmes inédits de Jim Morrison peuvent alors ressortir de la boîte où ils étaient enfermés, et être publiés. Cela grâce aux parents de Pamela et à la persévérance de Frank Lisciandro.

La tombe de Jim Morrison est rapidement devenue la plus visitée du Père-Lachaise. On se bouscule certains jours, parmi les graffitis et les fétiches en tout genre laissés là par des admirateurs. La marbrerie Groleau, rue du Repos, vend un choix d'objets souvenirs dont un petit buste de Jim. Venus de tous les coins du globe, les fans se rencontrent pour écouter la voix enregistrée de Morrison et partager toutes sortes d'expériences.

Même si l'histoire des Doors s'est écrite en cinq ans à peine, de 1967 à 1971, le mythe, trente ans après la disparition de Morrison, est toujours bien vivant. Comme le souligne John Densmore, Jim a désormais 27 ans pour l'éternité. On oublie en effet trop souvent que cette aventure foudroyante fut celle d'un jeune homme d'une vingtaine d'années. « Je ne voudrais pas mourir dans mon sommeil, ni de vieillesse ou d'overdose. Je veux sentir ce que ça fait. On ne meurt qu'une fois, c'est une expérience que je ne voudrais pas rater. » On ne saura jamais si Morrison a apprécié sa dernière expérience, même s'il est mort le sourire aux lèvres.

Chapitre 5

La vie après la vie

Les mythomanes s'en donnent rapidement à cœur joie, affirmant avoir rencontré Jim au-delà du 3 juillet 1971... Certains affirment l'avoir vu à Marrakech dès ce mois de juillet. D'autres prétendent avoir écrit des poèmes « en sa compagnie » ou cherchent à fourguer de prétendus témoignages post-mortem à des magazines ou à des maisons d'édition ! Le 13 octobre 1973, des employés de la Bank of America, à San Francisco, certifient avoir reçu Jim Morrison en personne au guichet. Fin 1973, des radios californiennes reçoivent un disque crédité « Le Fantôme », à l'écoute duquel certains croient reconnaître la célèbre voix. En avril 1975, paraît un livre signé Jim Morrison et intitulé *The Band Of America Of Louisiana*. Celui-ci relate son périple depuis l'été 1971. Deux autres livres du même acabit paraissent en 1984 : *Light My Fire* et *American Prayer*. Ces trois livres sont dus en fait à un même mythomane. En 1976, quelques petits malins prétendent même avoir forcé la tombe à Paris et constaté qu'elle était vide...

Le producteur John Haeny et les Doors survivants se retrouvent fin 1976 pour écouter les bandes de la *poetry session* enregistrée par Jim le 8 décembre 1970. On imagine le choc lorsque la voix nue de Morrison les accueille. Jim revient soudain d'entre les morts ! Bouleversés, les musiciens décident de toiletter les enregistrements et d'y ajouter des parties instrumentales. Les poèmes étant lus de façon très rythmée, l'opération s'en trouve facilitée. En studio, les musiciens sont déstabilisés, comme le rapporte Manzarek : « C'était une étrange sensation. On avait l'impression qu'il était là, parmi nous. Sa présence était tangible. » Cette présence de Jim redonne l'inspiration au groupe pour l'album *An American Prayer*, paru en novembre 1978. Le CD correspondant se fait curieusement attendre jusqu'en juin 1995, tout ça pour deux titres ajoutés, « Babylon Fading » et « Bird of Prey », et une version revue de « Ghost Song ». Les ventes de l'ensemble de la discographie des Doors repartent de plus belle fin 1978, et cela grâce à un album de pure poésie.

73

Francis Ford Coppola fait projeter pour la première fois son chef-d'œuvre *Apocalypse Now* le 4 octobre 1979. Le générique, constitué d'un ballet d'hélicoptères sur fond de ciel vietnamien où se reflète l'horreur de la guerre, est devenu un morceau d'anthologie de l'histoire du cinéma. Entre les bruits de pales, s'élèvent les sinuosités de « The End ». Le film déclenche un vent de folie autour de la musique des Doors, idéalement mise en situation. Un nouveau *best of* devient disque de platine (2 millions d'albums vendus aux États-Unis) en 1981, dix ans après la disparition de Morrison.

La première biographie consacrée à Jim Morrison, *No One Here Gets Out Alive* (« Personne ne sortira d'ici vivant »), due à Jerry Hopkins et Daniel Sugerman, paraît en juin 1980. Le livre atteint la première place des best-sellers du *New York Times* (800 000 exemplaires) et la conserve neuf mois durant. Largement traduit, le livre a contribué à l'étonnante pérennité du groupe. En 1992, Hopkins publie seul une nouvelle version, intitulée *The Lizard King* (« Jim Morrison, le Roi Lézard »).

Un buste dû à un jeune sculpteur yougoslave est placé sur la tombe, le 3 juillet 1981. La sculpture, descellée par deux fans et emportée sur le porte-bagage d'un Solex, orne un mausolée intime qui sera même filmé par la 5. Face à l'assaut des fans, la famille Morrison fait apposer une pierre tombale en granit, en décembre 1990. Pour le dixième anniversaire, en décembre 1981, le magazine *Rolling Stone* titre : « He's hot, he's sexy and he's dead », battant à cette occasion ses records de vente.

De nombreux projets de films consacrés aux Doors se dessinent dans les années 80. Les droits d'adaptation de la biographie de Hopkins et Sugerman sont ainsi vendus quatre fois en sept ans. C'est finalement Oliver Stone (futur réalisateur de *Platoon, JFK, Tueurs-nés*, etc.) qui enlève le morceau, vingt ans après la mort de Jim Morrison, confiant à Val Kilmer le rôle principal ; un choix judicieux quant à la ressemblance physique. Engagé au Viêt-nam à la fin des années 60, Stone reste pétrifié à l'écoute des Doors : « La première fois que j'ai entendu le groupe, j'étais défoncé à la marijuana. C'était "Break On Through". Nous vivions entre la vie et la mort, et le discours de Jim s'adressait directement à nous. Il parlait de la vie, de la mort, de la peur. Les autres groupes de rock chantaient des trucs futiles qui ne nous concernaient pas, alors que Morrison explorait les ténèbres du chaos et de la destruction. Je me suis mis immédiatement à l'aimer. [...] Jim appartenait à la contre-culture qui a surgi après l'assassinat de Kennedy. Au bilan des années 1960, c'est ça qui ressort et que représentait si bien Jim : la folie, l'énergie, la créativité, et une nouvelle liberté. Il a vécu ça et il en est mort. Car la mort n'était pas son ennemie, mais son alliée. »

Parmi les réalisateurs intéressés, William Friedkin, Brian De Palma, Paul Schrader, Francis Ford Coppola, et même Martin Scorsese et Stanley Kubrick. Du beau monde ! Quant à l'incarnation de Jim Morrison, elle faillit revenir à John Travolta (« Il n'y avait rien à l'époque d'aussi excitant que cette aventure. La musique refaisait surface, et j'étais super chaud pour faire ce film »), Keanu Reeves, Martin Sheen, Christophe Lambert, Richard Gere ou Tom Cruise. Même Bono de U2, qui interpréta plusieurs fois sur scène un medley des Doors, et Michael Hutchence d'Inxs sont pressentis. Les Doors s'opposent notamment à l'option Travolta.

Le montage du projet est des plus complexes, tant pour des raisons légales que de susceptibilité. Une clause du contrat signé avec la famille Courson contribue à raviver la rumeur : le scénario ne doit en aucun cas établir de lien entre Pamela et la mort de Jim... Oliver Stone commence le tournage le 19 mars 1990. Le succès commercial du film est retentissant, malgré une accumulation de contre-vérités et un aspect caricatural proche de la bande dessinée pour pré-ados. Si une nouvelle génération craque pour le rebelle dionysiaque et une musique devenue intemporelle, le film est sévèrement critiqué, à commencer par les Doors eux-mêmes. Manzarek ne mâche pas ses mots, allant jusqu'à traiter Stone d'inculte, de crétin, d'hypocrite, de falsificateur, de fasciste et d'antisémite... Il faut dire que le portrait filmé de Morrison ne convainc personne dans son entourage. Si on a certes dépeint l'alcoolique, on a ignoré le gentleman cultivé, l'artiste aussi décontracté que torturé.

Seul Val Kilmer trouve grâce aux yeux de tous. À l'américaine, l'acteur a minutieusement étudié la gestuelle, les mimiques, les attitudes félines (puis de moins en moins félines sous l'effet de l'alcool) de Jim Morrison. Meg Ryan incarne une par trop romantique et falote Pamela. Étudiant, Morrison avait eu cette subtile prémonition : « La pellicule confère une sorte d'éternité usurpée. » Pour beaucoup, Oliver Stone reste un traître, surtout pour les témoins de l'époque. John Densmore lui reproche amèrement d'avoir confondu portrait et autoportrait fantasmé, et d'avoir trop négligé le contexte : « J'aurais aimé que l'on parle mieux des années 1965 à 1967, ces années d'espoir durant lesquelles beaucoup d'entre nous ont cru changer le monde. » Une époque où on eut la « naïveté » de dénoncer l'emballement de la folie politique, où on crut en une société juste et harmonieuse. Côté cinéma, une sorte de gag est à signaler en 1998, avec le film porno de Kris Kramski, *Une Américaine à Paris*. La caméra suit une lascive touriste en pèlerinage sur la tombe de Jim Morrison au Père-Lachaise, qui débute sur place une relation saphique plutôt torride...

Le 3 juillet 1991, pour le 20e anniversaire de la mort de Jim Morrison, le Père-Lachaise connaît un début d'invasion. Mais la police a anticipé l'événement, et un dispositif spécial de CRS intervient sans ménagement. On fait même évacuer le cimetière. Escaladant des voitures placées contre l'enceinte, certains « pèlerins » réussissent nuitamment à investir les lieux. En 1996, pour le 25e anniversaire, *Le Figaro* fait estimer à 15 000 le nombre de visiteurs du jour, soit le double de la fréquentation habituelle.

Plus pacifique, le 50e anniversaire de la naissance de Jim Morrison, le 8 décembre 1993, est célébré par un conséquent hommage parisien. Le Max-Linder programme les films *Feast Of Friends* et *HWY*. La FNAC Montparnasse propose une exposition de photos de Frank Lisciandro et Michèle Campbell, ainsi qu'une lecture de poèmes à la « Revue parlée » de Beaubourg, par Tcheky Karyo et John Philip Law. Le groupe Soft Parade, rejoint pour trois titres par Robby Krieger, donne un concert hommage à La Cigale, organisé par Gilles Yepremian.

Paul Rothchild, le producteur, meurt d'un cancer des poumons le 30 mars 1995, à Los Angeles. Même s'il s'est désolidarisé du groupe à l'occasion du dernier album, *L.A. Woman*, il doit être considéré comme un des rouages essentiels de la saga Doors.

La discographie pirate du groupe est à ce point étoffée qu'on recense près de 500 albums. Pour s'y retrouver, il est indispensable de se procurer le livre *On The Doors Stage (The Complete Collection Of Doors Live Compact Discs)*, publié en 1996 en Italie. L'ouvrage, dû à Rainer Moddemann, Fulvio Fiore et Gilles Yepremian, est édité en anglais, avec une impressionnante iconographie et de judicieux commentaires (liste exhaustive des concerts, critique de chaque disque...).

Gros coup discographique en 1997, avec la parution de *The Doors Box Set*. Des albums *live* officiels ont paru entre-temps, comme *Alive She Cried*, en 1983, et *Live At The Hollywood Bowl*, en 1987. Le coffret réunit 4 CD d'un intérêt inégal : démos, inédits « officiels » (et non des moindres : « Rock Is Dead », etc.), florilège effectué par les musiciens eux-mêmes, extraits *live* (Madison Square Garden, ainsi que deux documents précieux : Miami 69, le concert scandale, et Wight 70)... Selon Krieger, il ne resterait que quelques inédits, alors que Manzarek en laisse espérer davantage...

En 1998, paraît l'album *Know Peaking* (True World Int. / Point Music) d'un certain Cliff Morrison, né le 2 septembre 1969. Waylon Krieger, fils de Robby, est à la guitare. Cliff serait le fils de Jim Morrison et de Lennie Lorain, qui ont eu une brève liaison en décembre 1968. Cliff a grandi sans savoir qui était son père. Robby Krieger et Ray Manzarek ont contribué à produire ce disque, ce qui conférerait quelque crédit à la filiation du « Son Of Rock Legend Jim Morrison », comme l'indique le sticker apposé sur l'album.

Trois décennies après la disparition de Jim Morrison, ses livres et les albums des Doors se vendent encore annuellement à des centaines de milliers d'exemplaires. La magie opère toujours, de génération en génération. De nombreux groupes ou chanteurs, des Simple Minds à Ultravox, en passant par Psychedelic Furs, Joy Division, The Stranglers, The Sound, Teardrope Explodes, The House Of Love, Nirvana et U2, Ian Ashbury, Billy Idol, Iggy Pop et Eddie Vedder, se sont ouvertement référés aux Doors. Le plus novateur reste sans doute Echo & The Bunnymen, avec son chanteur Ian McCullough. Les reprises de titres des Doors sont légion, de Jose Feliciano à Cure, Nico ou Siouxsie and The Banshees. Des groupes clones comme Wild Child, The Manzarek Doors et Soft Parade se consacrent à interpréter sur scène des morceaux du groupe ! À signaler deux *tribute albums*, intitulés *Darken My Fire* (The Mission UK, Alien Sex Fiend, etc.) et *Stoned Immaculate* (John Lee Hooker – en duo avec Jim sur « Roadhouse Blues » ! –, William Burroughs, Stone Temple Pilots, Aerosmith, The Cult, Bo Diddley, etc.). Une fascination, un magnétisme intacts. Le chant des purs rebelles défie le temps.

La tombe de James Douglas Morrison, proche de celles d'Auguste Comte et de Ferdinand de Lesseps, reste la plus visitée du Père-Lachaise. Les autorités et les riverains sont agacés par les dégradations permanentes, notamment les graffitis, sans compter les mini-concerts spontanés, les sit-in « herborisés » et les expositions les plus hétéroclites. Un gardien est spécialement affecté à la tombe, et des caméras électroniques surveillent les alentours. Une polémique s'est instaurée autour de l'incessant pèlerinage : une pétition aurait circulé, certains souhaitant remettre en question la concession à perpétuité. Sans compter que la famille d'un citoyen américain décédé en France peut à tout moment faire rapatrier sa dépouille. Ray Manzarek a pris l'affaire au sérieux, en septembre 2000, et a demandé que soit respectée la volonté de Morrison. Il semblerait avoir été entendu. Mais selon son conseil : « N'inscrivez rien sur les autres tombes. C'est nul. C'est enfantin. Faites ce que vous voulez sur celle de Jim. Respectez ses voisins et défoulez-vous sur la sienne. C'est O.K. Vous avez ma permission et celle de Jim. »

Annexes

Discographie

Albums studio
Label Elektra

The Doors *(janvier 1967)*
Coup d'essai, coup de maîtres. Le groupe bénéficie d'un atout impara-
ble : la cohésion et l'expérience acquises par la pratique intensive de
la scène dans les clubs comme le London Fog, ou le Whiskey A Go-Go.
Cet album contient trois titres phares de la discographie des Doors :
« Break On Through (To The Other Side) », leur manifeste acid rock ;
« Light My Fire », l'énorme tube de l'année 67 ; « The End », le lyrique
et œdipien morceau utilisé par Francis Ford Coppola pour le générique
d'*Apocalypse Now*. Le groupe s'est forgé un son à la fois dynamique et
subtil, où les mots jouent un rôle primordial. On remarque des musiciens
complémentaires et un chanteur-auteur sensuel qui focalise l'attention.
Un album incontournable. Un classique du rock.

Strange Days *(octobre 1967)*
Vu l'écho phénoménal du premier album, le label Elektra pousse très
vite son groupe vedette en studio. Dix mois à peine séparent la parution
des deux disques. Pas de problème pour les Doors, leur répertoire
scénique leur permet d'enregistrer un album aussi riche et inspiré que
le premier. Mais le progrès technique va bientôt révolutionner le monde
du rock. Les Doors sont parmi les tout premiers groupes à enregistrer
en huit-pistes, ce qui débride leur inventivité. Le disque, presque aussi
spontané que le premier, bénéficie de trouvailles sonores et d'audaces
bienvenues, même si les compositions (« Strange Days », « When The
Music's Over ») sont un peu moins « tubesques ».

Waiting For The Sun *(juillet 1968)*

Le succès a éloigné le groupe des petites scènes où il puisait la quintessence de son art. La guerre du Viêt-nam et les émeutes sociales sonnent le glas d'une Amérique insouciante. Si le groupe assume politiquement avec des morceaux engagés comme « The Unknown Soldier » et « Five To One », il se laisse aussi aller à un romantisme non dénué de charme (« Hello, I Love You », « Love Street »). L'efficace âpreté des deux premiers disques commence à verser dans la sophistication. Une très relative déception.

The Soft Parade *(juillet 1969)*

Le groupe souffre de vives dissensions. Pour la première fois, les compositions ne sont plus signées collectivement. Démotivé, Morrison refuse d'assumer certains choix et prend du recul. Robby Krieger en profite aussitôt pour envahir l'album de cordes et violons dans une production qui manque de nerf. Malgré « Shaman's Blues » et « Wild Child » (voire « The Soft Parade »), l'album est une déception. La presse retire son soutien sans faille au groupe, même si le public semble toujours suivre. Le groupe est dans l'impasse.

Morrison Hotel *(février 1970)*

Secoué par ses récents égarements et remis en cause par les procès qui assaillent Morrison, le groupe réussit une sérieuse réaction identitaire. Cela grâce au retour aux racines blues. Si on ne retrouve pas toujours l'originalité des deux premiers albums, le disque regorge d'une énergie sans relâche et contient son lot de titres phares comme « Roadhouse Blues », « You Make Me Real », « Peace Frog », « The Spy », « Queen Of The Highway » et « Maggie M'Gill ». Le groupe retrouve aussitôt le soutien de la presse et la ferveur du public.

L.A. Woman *(avril 1971)*

Au bord de l'implosion (Jim ne songe qu'à quitter le groupe et le pays), lâchés par leur producteur, les Doors autoproduisent en dix jours leur chef-d'œuvre absolu. Dix compositions remarquables de maturité, sans la moindre faute de goût, où le groupe crache son venin tel un reptile blessé et menacé de mort. « The Changeling », « L.A. Woman », « The Wasp » et « Riders On The Storm »... Un must. Un des albums majeurs de l'histoire du rock. Trois mois après cette parution, Jim Morrison était enterré à Paris, au cimetière du Père-Lachaise.

CD posthumes
Label Elektra

An American Prayer (novembre 1978 / réédition CD juin 1995)
Vrai-faux album des Doors, ce disque est un cas pratiquement unique dans l'histoire du rock. Les Doors survivants retrouvent les bandes d'une session de lecture de ses poèmes par Jim Morrison. Ils entreprennent de greffer une musique additionnelle à la voix nue de leur chanteur. Et le miracle se produit. Le magnétisme, le charisme de Morrison agissent d'entre les morts. « C'était une étrange sensation. On avait l'impression qu'il était là parmi nous. Sa présence était tangible » (Ray Manzarek). Le disque est saisissant d'émotion. Le groupe, le temps d'un disque, reforme « un cercle magique » de jazz-rock psychédélique et d'acid rock teinté de blues, avec la poésie en plein centre. Un rêve passe...

The Doors Box Set (démos, prises live et best of / novembre 1997)
Ce coffret contient 4 CD : « Without A Safety Net », « Live In New York », « The Future Ain't What It Used To Be » et « Band Favorites ». Ce coffret existe également en deux doubles CD indépendants (*The Box Set Part I*/CD 1 et 2, et *The Box Set Part II*/CD 3 et 4, 2000).

Essential Rarities (2000)
Simple compilation du *Doors Box Set*.

Albums studio The Doors
sans Jim Morrison
Label Elektra

Other Voices (octobre 1971)
Full Circle (juillet 1972)

Albums live
Label Elektra

Absolutely Live (juillet 1970)
Alive, She Cried (octobre 1983)
Live At The Hollywood Bowl (juin 1987)
In Concert (compilation des trois précédents, mai 1991)

Compilations
Label Elektra

13 *(novembre 1970)*
Weird Scenes Inside The Gold Mine *(janvier 1972)*
Two Originals Of The Doors : *The Doors + Strange Days (1973) – The Best Of The Doors (août 1973)*
The Doors Greatest Hits *(octobre 1980)*
Classics *(mai 1985)*
The Best Of The Doors *(novembre 1985)*
The Best Of The Doors *(juillet 1987)*
The Doors – Music From The Original Motion Picture *(B.O.F. / avril 1990)*
The Complete Studio Recordings (Coffret 7 CD contenant les six albums studio, et un Bonus Disc « 14 Essential Rarities » – novembre 1999)
The Best Of The Doors *(novembre 2000)*. Seulement pour l'Europe et le Japon. Trois versions : 1 CD simple (17 titres) ; 1 CD simple + 1 CD-Rom bonus 2 CD ; et en tirage limité 1 CD simple + 1 CD-Rom.

Bibliographie

Œuvres originales de Jim Morrison

The Lords, auto-édition à 100 exemplaires, Western Lithographers, Los Angeles, printemps 1969.

The New Creatures, auto-édition à 100 exemplaires, Western Lithographers, Los Angeles, printemps 1969.

The Lords and The New Creatures, Simon & Schuster, New York, mai 1970.

An American Prayer, auto-édition à 500 exemplaires, Western Lithographers, Los Angeles, été 1970.

The Lords and The New Creatures, Simon & Schuster, « A Touchstone Book » (édition de poche), New York, automne 1971.

Wilderness : The Lost Writings of Jim Morrison, Villard, New York, 1988.

The American Night : The Writings of Jim Morrison, Villard, New York, 1990.

Œuvres de Jim Morrison
traduites en français

Traductions de Yves Buin, Richelle Dassin, Hervé Muller, Sabine Prudent, Werner Reimann et Patricia Devaux

Arden lointain, Christian Bourgois éditeur, 1988 ; 10/18, n° 2306.
La Nuit américaine, Christian Bourgois éditeur, 1992 ; 10/18, n° 2526.
Seigneurs et Nouvelles Créatures, Christian Bourgois éditeur, 1976 ; 10/18, n° 1219.

Une prière américaine, Christian Bourgois éditeur, 1978 ;
10/18, n° 1714.
Wilderness, Christian Bourgois éditeur, 1991 ; 10/18, n° 2273.
Écrits, Christian Bourgois éditeur, 1992.

Sur Jim Morrison et les Doors

Traductions

Personne ne sortira d'ici vivant, Jerry Hopkins & Daniel Sugerman, Christian Bourgois éditeur, 1981 ; Julliard, 1990 ; 10/18, n° 2241, 1991 ; Presses Pocket, n° 4044, 1992.
Le lion dort ce soir (récit), Elliott James Murphy, Librairie Gibert Joseph, 1991.
Jim Morrison, le Roi Lézard, Jerry Hopkins, 10/18, n° 2528, 1994.
Les Doors, William Ruhlmann, Hors Collection, 1994.
Jim Morrison. Un festin entre amis, Frank Lisciandro, Le Castor Astral, 1996.
L'intégrale Doors, Chuck Crisafulli, Hors Collection, 1996.
Jim Morrison, le cri du papillon, Daniel Dreier et Arman Sahihi, Schirmel-Mosel, 1996.
Le mythe de Jim Morrison, Jon E. Lewis, Gremese, 1997.
Jim Morrison et The Doors. Enfer et gloire du Roi Lézard, Arturo Blay, La Mascara, 1998.
Les Doors. La véritable histoire, Ray Manzarek, Hors Collection, 1999.
Jim Morrison, Jordi Bianciotto, coll. « CD Rock », La Mascara, 2000.
Fugues (roman), Lewis Shiner, Denoël, 2001
La tragique romance de Pamela et Jim Morrison, Patricia Butler, Le Castor Astral, 2001.

En français

Jim Morrison au-delà des Doors, Hervé Muller, Albin Michel, 1973.
Épilogue reptilien (poésie), Christian Laporte, auto-édition, 1982.
Jim Morrison, mort ou vif, Hervé Muller, Ramsay, 1991.
Jim Morrison le lézard (biographie onirique), Jean-Marie Rous, Renaudot et Cie, 1990 ; Le Rocher, 1992.
Jim Morrison ou les Portes de la perception (récit), Jean-Yves Reuzeau, L'Incertain, 1993 ; Le Castor Astral, 1998.
Souffle d'esprit, Françoise Faureste, La Pensée Universelle, 1994.
The Doors, Hervé Guilleminot, Prélude et Fugue, 1998.
Le dernier poème du dernier poète. La poésie de Jim Morrison (essai), Tracey Simpson, Bernard Grasset / Le Monde de l'éducation, 1998.

Filmo-vidéographie

Films réalisés par Jim Morrison

Break On Through, 16 mm, couleur, 2′ 25″ *(film promotionnel produit par Elektra Records)*
The Unknown Soldier, 16 mm, couleur, 3′ 10″ *(film promotionnel produit par Elektra Records)*
Feast of Friends, 16 mm, couleur et N & B, 40′ *(documentaire coproduit par les Doors)*
HiWay (HWY), 35 mm, couleur, 50′

Films en vidéo ou en DVD

The Doors Live At The Hollywood Bowl (4-7-68) (CIC / MCA Home Video – 68′)
The Soft Parade / A Retrospective (1969) (MCA Home Video)
The Doors Live In Europe 1968 (CBS-Granada-Prophil International / DVD Eagle Vision Sony – 58′)
Dance On Fire / Classic Performances & Greatest Hits (CIC / Universal – MCA Home Video – 65′)
The Best Of The Doors (Universal Home Video)
In Concert (1968) (CBS – Granada – 52′)
The Doors – A Tribute To Jim Morrison (Warner Home Video – 60′)
The Doors, film d'Oliver Stone, 1991 (Gaumont / Columbia / Tristar – 135′)
The Doors Are Open (DVD/Import Pioneer Artists – 56′)

Sites Internet

Patience et longueur de temps : plusieurs milliers de sites sont disponibles !

www.crystal-ship.com/index.php3
Le top. Très pointu, mais avec humour. Francophone québécois.
www.thedoors.com
Le site officiel des Doors. Informatif mais plutôt mercantile.
www.angelfire.com/de/doors4ly/index.html
Site allemand (en anglais) du fanzine *Doors Quarterly Magazine*.
www.doors.com/
Site du fanzine américain *The Doors Collectors Magazine*.
doors.iscool.com
et **www.geocities.com/SunsetStrip/Hall/8207/index.html**
À visiter.
www.mojorisin.net/poet.htlm/
Tous les poèmes de Jim Morrison en anglais.
www.jim-morrison.org
Photos rares. Curiosités.
doors.citeweb.net/inter2.html
En français. Interview Morrison/Hopkins de 1969. Etc.
pages.infinit.net/joblos/thedoors/divers.htm
Nombreux entretiens avec Jim Morrison traduits en français.
www.altavista.com

Taper « jimmorrison » (entre guillemets) puis appuyer sur Search. Résultat : 25 000 sites et/ou pages... Possibilité de restreindre la recherche aux seuls (500) sites en français.

Il est vivement conseillé de consulter le n° 400 de *Rock & Folk* (en couverture : « Le nouvel exploit de Fatboy Slim : il ressuscite Jim Morrison ! ») pour ses judicieux conseils, rubrique « Internet », par Géant Vert : « Les Doors sur la toile. »

Remerciements

Michka Assayas, Philippe « The Boss » Blanchet, Ambroisine Cann, Raphaël Caussimon, Jean-Noël « Noeghan » Coghe, Francis Dannemark, Guy « Z à A » Darol, Emmanuel Dazin, Jean-Luc Debattice, Alain Dister, Fabienne (L'Hôtel), François Jouffa, Stéphane « Brian » Koechlin, Frank Lisciandro, Yazid « Voodoo Child » Manou, Olivier « The Ripper » Michel, Hervé Muller, Jean-Noël Ogouz, Philippe Ollé-Laprune, Pam-the-cat, Olivier Philipponnat, Marie-Ange « Patience d'ange » Picot, Yann Reuzeau, Jean Riccobono, Annelise Signoret, Francine Taylor, François Tétreau, Marc Torralba, André Velter, Gilles Vidal, Gilles Yepremian.

Table

DANS LA MÊME COLLECTION

456

Composition IGS-CP à Angoulême
Achevé d'imprimer en Europe
à Pössneck (Thuringe, Allemagne)
en avril 2001 pour le compte de E.J.L.
84, rue de Grenelle, 75007 Paris
Dépôt légal avril 2001

Diffusion France et étranger : Flammarion